영어기초공부의 **생활영어회화** 패턴과 영어회화스터디로 **기본영어회화 독학**

영어회화 後
알파벳 패턴영어

원어민 음성 MP3 다운로드 방법

- 한글영어 홈페이지인 "http://www.hanglenglish.com/" 에서 다운로드 받으실 수 있습니다.

- 콜롬북스 앱에서 "영어회화후 알파벳 패턴영어"를 검색해서 다운로드 가능합니다.

- 한글영어 공식카페의 "http://reurl.kr/4B21678ATH"에서 다운로드 받으실 수 있습니다.

알파벳도 글자, 한글도 글자!

그러면 영어를 알파벳보다 한글로 배우면 어떤 효과가 있을까?
알파벳과 한글의 학습 순서가 달라서, 적용의 결과가 완전히 다르다.

1. 한국어는 소리로 완전히 배우고, 몇 년 후 한글 글자를 배우지만 영어는 알파벳 글자부터 배우고, 영어 소리를 나중에 배운다.

2. 그 결과, 한국인은 한글 글자를 소리로 변환하는 능력이 있지만 알파벳 글자는 소리로 변환하지 못해 그림으로 저장하게 된다.

한글로 영어를 배우면, 소리로 영어를 배우는 효과가 있다.

인쇄일	2019년 05월 1일
발행일	2019년 05월 1일
지은이	정용재
펴낸이	정용재
펴낸곳	(주)한글영어
주소	경기도 안양시 동안구 벌말로 123, A동 1111호 (평촌스마트베이)
전화	070-8711-3406
등록	제 385-2016-000051호
공식카페	http://한글영어.한국
MP3 다운로드	http://www.hanglenglish.com
디자인	김소아
인쇄제본	씨에이치피앤씨 (CH P&C) 02-2265-6116
ISBN	9791188935192 (13740)

이 책은 저작권법에 따라 보호받는 저작물이므로 무단전재 및 무단복제를 금지합니다.

차례

한글영어 원리는 가수의 신곡을 배우는 것과 같다	6
영어회화 후 알파벳 패턴영어 공부방법	8
꼭 드리고 싶은 말씀	10

패턴 001 ~ 패턴 012   13

001	It is ~	007	This is ~
002	I like ~	008	I'm used to ~
003	There's no doubt ~	009	I can ~
004	I want ~	010	Don't tell me ~
005	It is likely that ~	011	I should ~
006	I'm supposed to ~	012	I enjoy ~

패턴 013 ~ 패턴 024   31

013	There is ~	019	You look like ~
014	My / your / his / her / our	020	I'm from ~
015	Can I ~ ?	021	Where is ~ ?
016	It tastes / It sounds / It looks ~	022	When is ~ ?
017	Let's ~	023	What is ~ ?
018	The last thing ~	024	Give my regards ~

패턴 025 ~ 패턴 036   49

025	I must ~	031	Yesterday / Today / Tomorrow
026	What makes you ~ ?	032	Is it true ~ ?
027	Who is ~ ?	033	I sometimes ~ / I always ~
028	Why is ~ ?	034	I'm doing ~
029	More than ~	035	At home / At school
030	The most ~	036	I used to ~

패턴 037 ~ 패턴 048   67

037	Whose candy ~ ?	043	Will you ~ ? / would you ~ ?
038	How big ~ ?	044	It must be ~
039	How many ~ ?	045	There's no way ~
040	How much ~ ?	046	You should have been ~
041	What about / How about ~ ?	047	I'm tired of ~
042	I hardly ever / I never ~	048	My favorite food ~

패턴 049 ~ 패턴 060   85

049	I wish ~	055	I was late for ~
050	All I want ~	056	I'm going to ~
051	I'm sorry to ~	057	I'm worried ~
052	I don't care ~	058	In the morning / In the afternoon
053	In spring / In summer / In fall	059	I don't feel like ~
054	Make sure ~	060	I'm willing to ~

패턴 061 ~ 패턴 072   103

061	What ~ !	067	I forgot to ~
062	How ~ !	068	I remember ~
063	I'd like to ~	069	I'm interested in ~
064	I'm afraid (that) ~	070	I'm about to ~
065	Do you know ~ ?	071	I'm able to ~
066	I'm just trying ~	072	Do you mind ~ ?

패턴 073 ~ 패턴 084   121

073	It's time to ~	079	~ Isn't he?
074	Do ~	080	What number ~ ?
075	Don't ~	081	The more ~, the more ~
076	Because of ~	082	What if ~ ?
077	I'm good at ~	083	It seems like ~
078	Is it okay ~ ?	084	Too ~ to ~

패턴 085 ~ 패턴 096 — 139

085	So ~ that ~		091	How come ~ ?
086	Whenever ~		092	Had better ~
087	I'm sure ~		093	No wonder ~
088	As if ~		094	Now that ~
089	I can't afford to ~		095	May I ~ ?
090	It takes ~		096	Show me ~

패턴 097 ~ 패턴 108 — 157

097	How can I ~ ?		103	That's what ~
098	Who wants to ~ ?		104	I think ~
099	Let me know ~		105	I'm busy ~ ing
100	What day ~ ?		106	Thank you for ~
101	Which do you like better ~ ?		107	I'm on ~
102	What should I ~ ?		108	Have you ever ~ ?

패턴 109 ~ 패턴 120 — 175

109	Why don't you ~ ?		115	Feel free to ~
110	I didn't mean to ~		116	You don't have to ~
111	Do I have to ~ ?		117	It's worth ~
112	I can't wait to ~		118	I'm looking for ~
113	What do you think of ~ ?		119	I had no idea ~
114	I'm ready to ~		120	What did you ~ ?

판도라의 상자 (영어문장) — 193

한글영어에 대한 모든 고민은 편견에 불과하다 — 234
한글로 배우는 영어는 세종대왕과 집현전의 학습법이다 — 236
이제까지 소리영어 학습법이 실패한 이유가 있다 — 237
듣기, 읽기, 쓰기, 말하기 모두 안 되는 영어교육 — 238

한글영어 원리는

한글영어 학습방법은 크게 보면 완전히 새로운 노래를 배우는 것과 같습니다.

어느 가수가 "미래의 사랑"이라는 신곡을 발표해서 가사가 네이버 뮤직에 올라왔을 때, 이 노래를 한 번도 들어보지 못한 사람에게 한글 가사만 보고 '미래의 사랑'이란 노래를 불러보라고 한다면, 그 사람이 노래를 노래답게 잘 부를 수 있을까요?

> 아직 눈에 보이지 않지만 내게 다가오는 당신이 느껴져
> 나의 마음은 당신을 위해 고이 간직 된 생명수와 같이

한글을 아는 한국인이라면 아마도 노래가 아니라 소설을 읽듯이 읽을 것입니다. 그렇다고 해서 그 사람에게 "한글 가사로 노래를 부르라고 하니 노래가 아니라 소설처럼 읽는다"라면서 한글로 노래를 배우면 안 된다고 누가 말할까요?

단 한 사람도 그렇게 말하는 사람은 없을 것입니다.

한글로 배우는 영어의 원리도 잘 생각해보면, 이미 여러분이 알고 있는 노래를 배우는 원리를 떠올려서 적용하면 아무런 문제가 없는데도, 이제까지 영어전 문가들의 잘못된 이론에 세뇌되었다고 할 수 있습니다.

한글영어 교재를 보면서, 인토네이션도 없고, 한글과 영어는 발음이 달라서 표기가 안 되는 문제들로 소설처럼 영어를 읽게 되어서 영어를 배울 수 없다고 모든 사람이 이구동성으로 한글영어를 비판합니다.

수년 동안 한글영어 교육을 주장해온 저로서는 너무도 많이 들었던 말이지 만, 이런 것들은 한글로 영어를 배우는데 전혀 문제가 되지 않습니다.

가수의 신곡을 배우는 것과 같다

만약 '미래의 사랑'의 가사만으로 노래를 부르도록 말하면, 여러분은 노래가 아니라 소설처럼 읽게 되고, 박자도 모르고 음정도 몰라 노래할 수 없다고 말하면서, 거의 한글영어와 유사한 이의제기를 하면서 포기하게 될 것입니다.

그런데 "미래의 사랑"의 가사만이 아니라, 가수가 직접 부른 노래를 들으면서 노래를 배우도록 하면 어떻게 될까요? 아마도 사람들은 아무런 이의제기 없이 '미래의 사랑'의 한글 가사를 보면서 가수의 노래를 들으면서 열심히 가수처럼 부르려고 노력할 것입니다.

노래를 배우는 방식 그대로 한글영어로 공부한다고 생각하면 됩니다.

한글로 영어를 배울 때 한글발음으로 쓰인 한글영어만으로 영어를 배운다면 한글 가사만으로 노래를 배우는 것처럼 문제가 될 수 있습니다. 그러나 항상 원어민의 소리와 함께 배운다면 어떠한 문제도 일어나지 않습니다. 이점을 생각하고 한글영어를 판단해보기 바랍니다.

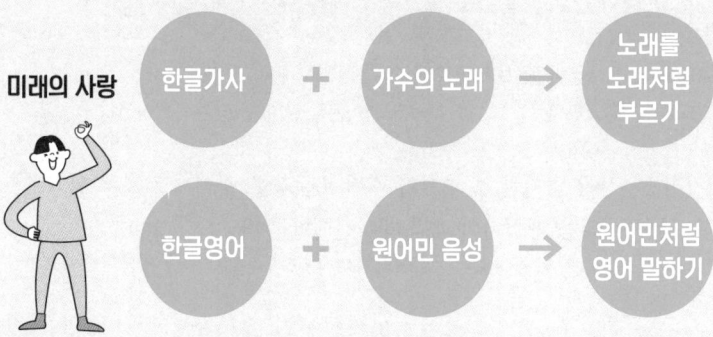

영어회화후
알파벳 패턴영어

한글영어 학습방법에 대해서 세세한 것에 대해서 고민이 있다면 스스로 노래를 배울 때 어떻게 하는지 잘 생각해보면 본인만의 해답을 찾을 수 있습니다.

❶ 한글영어문장 100번 이상 읽기 (예 : 14페이지)

처음 불러보는 어려운 노래의 경우는 처음에 가사를 소설책 읽듯이 평범하게 읽어보는 것으로 시작을 합니다. 그리고 조금 빠르게 그리고 감정을 살려서 읽어보는 과정을 거치게 됩니다.

이와 같은 원리로 익숙해지도록 100번 이상 한글영어문장을 보면서 읽습니다. 물론 이때 원어민의 음성을 들으면서 따라 읽어도 좋습니다. 그리고 나서 원어민의 음성만 들으면서 따라 말하도록 훈련을 합니다.

❷ 한글의미를 보고 영어로 말하기 (예 : 15페이지)

영어문장이 익숙해졌으면 이제는 한글의미를 보면서 영어로 바꿔 말해보는 연습을 합니다. 앞에서 충분히 영어로 말하는 연습을 했다면 입에서 빠르게 영어로 말할 수 있을 것입니다. 처음엔 한글영어문장을 보면서 말하지만, 점차 한글의미만 보고 영어문장을 말할 수 있도록 암기해 나가도록 합니다.

| 한글의미 : | 한글영어문장보고 빠르게 영어문장 말하기 (보고 읽기) → |
| 한글의미 : | 한글영어문장 안보고 빠르게 영어문장 말하기 (암기후 말하기) |

1개의 패턴별 5문장씩 암기한 후, 2개의 패턴 10문장을 순서대로 모두 암기해서 말할 수 있으면, 다음 페이지의 패턴으로 진행합니다.

한글영어에서는 굳이 전체 이야기를 안 보고 말하는 통암기를 권하지 않습니다. 문장 하나를 암기하는 것과 이야기 전체를 순서대로 암기하는 것은 난이도나 시간 투자에 있어서 많은 차이가 있습니다.

❸ 발음힌트를 보고 영어문장 말하기 (예 : 26페이지)

한글영어문장의 앞 단어를 보고 순서대로 영어로 <u>즉각적이고 반사적으로</u> 말할 수 있을 정도가 되면 성공했다고 할 수 있습니다. 이와 함께 원어민의 소리를 들으면서 따라 하는 일명 영어 쉐도잉을 할 수 있으면 충분합니다.

❹ 의미힌트를 보고 영어문장 말하기 (예 : 28페이지)

한글영어문장의 앞 단어를 보고 순서대로 영어로 <u>즉각적이고 반사적으로</u> 말할 수 있을 정도가 되면 성공했다고 할 수 있습니다.

❺ 판도라의 상자는 영어문장 완전 암기후 열기 (예 : 193페이지)

영어회화를 공부할 때 소리를 완전히 암기하기 전에 한 번이라도 영어문자를 보게 되면 더 이상 영어회화가 아님을 명심해야 함을 거듭 말씀을 드립니다.

한글영어문장으로 영어소리의 암기가 완전히 된 다음에, 원어민의 음성을 들으면서 영어문자를 보면서 가벼운 마음으로 따라 읽으면 됩니다.

❻ 각 패턴영어 마무리 수준

<u>12개 패턴 60문장을 발음과 의미의 힌트를 보고 영어로 말할 줄 알고, MP3를 들으면서 곧바로 쉐도잉이 가능하면 다음 12개 패턴으로 진행합니다.</u>

꼭 드리고 싶은 말씀

본 영어회화후 알파벳의 핵심원리는 모든 언어습득에는 모국어를 배우는 과정처럼 확실한 순서가 있어서, 먼저 소리로 듣고 말하는 영어를 충분히 훈련해서 적어도 영화나 애니를 듣고 따라 말할 정도가 된 다음에, 문자교육인 알파벳, 파닉스 교육을 해야 한다고 말하는 것입니다.

간단히 말씀드려서,

소리 영어교육과 문자 영어교육을 완전히 분리하라는 것입니다.

영어회화 후 알파벳 패턴영어 (영어기초공부의 생활영어회화 패턴과 영어회화스터디로 기본영어회화 독학)는 알고 있고, 생각하는 모든 영어학습법의 적용이 가능합니다.

몰입영어, 소리영어, 낭독영어, 큰소리영어, 통문장영어, 모국어영어, 영어책한 권 외우기, 영화 한 편 씹어먹기, 스토리텔링, 미친영어, 원어민식영어, 특허받은 영어학습법, 기적의 영어학습법, 미드로 영어 공부 등 여러분 각자 생각나는 모든 영어학습법들.

지금까지 나온 영어학습방법들을 내게 적용하는데 한 가지 걸림돌이 있었지만, 아무도 이를 알려주지 않아서 깨닫지 못했는데, 바로 잘 모르는 영어문자 때문에 영어읽기가 안되고, 이는 바로 영어공부에 자연스러운 몰입할 수 없도록 하는 한계가 있었다는 것입니다. 그러나 한글영어로 하게 되면 이런 문제점이 전혀 없어서 영어학습에 완전 몰입이 가능하게 됩니다.

어느 영어전문가는 첫째도 소리충격, 둘째도 소리충격, 셋째도 소리 충격을 받아야 하고, 문자충격을 먼저 받으면 소리충격을 받을 수 없다고 했는데 백번

맞는 말입니다. 다만 영어소리충격이란 말이 실질적이 되려면 절대로 영어문자교육을 하지 않아야 하고, 이미 문자교육을 받았다면 영어문자를 생각하거나 떠올리지 않도록 노력을 하면서 공부해야 한다는 점을 확실히 알고 있어야 합니다.

모국어는 어떻게 내가 말하고 있는지 모를 정도의 무의식의 작동으로 듣고 말하고 있습니다. 이는 듣기로 소리엔진 또는 소리시스템을 만들었기 때문에 가능한 이유입니다. 영어도 모국어처럼 무의식의 작동으로 듣고 말하고 싶다면 반드시 듣기로 영어만의 소리엔진 또는 시스템을 만들지 않으면 안 됩니다.

영어회화란 글자 없이 소리만으로 듣고 말하는 의사소통을 말합니다. 그래서 듣고 말하는 영어회화를 잘하고 싶다면 배울 때부터 영어 글자없이 배워야만 실제 영어회화의 상황에서 적응할 수가 있습니다. 배울 때는 영어문자에 의존해서 배우다가 현장에서 영어 글자없이 영어회화를 하려고 하면 머릿속이 하얘지면서 적응이 안 됩니다.

모국어학습법에 대해서 말들이 많은데 한글영어에서 정확한 의미를 말씀드린다면, 진정한 모국어학습의 특징은 소리와 문자가 완전히 분리된 교육으로, 듣고 말하는 한국어가 된 다음 읽고 쓰는 ㄱ, ㄴ, ㄷ 한글을 배우는 교육을 말합니다.

그래서 영어를 모국어학습법으로 배운다고 말하면서, 만약 영어글자 와 함께 공부한다면 아무리 듣기와 말하기를 강조해도 그 모든 교육은 모국어학습법과는 전혀 상관이 없습니다. 간단히 말해서 모국어학습법이란 소리교육과 문자교육이 철저히 분리된 교육입니다.

결론적으로 영어를 잘하고 싶다면 듣고 말하는 소리영어가 익숙해진 다음에, 읽고 쓰는 문자영어를 공부하면 영어회화뿐만 아니라 영어리딩, 영어독해, 영어스피킹등 모든 영어를 잘할 수 있습니다.

듣기에 대한 국어사전의 정의를 보면, "듣기란 읽기, 쓰기, 말하기의 기초이다"라는 말이 있는데 이를 영어교육에 적용해서 본다면, 영어듣기가 완성되었다는 것은 영어읽기, 영어쓰기, 영어말하기를 위한 기초가 준비되었다는 의미이기 때문에, 영어듣기를 잘하게 되면 읽기, 쓰기, 말하기 모두를 잘하게 되는 것은 당연한 결과라고 할 수 있습니다.

본 책은 진짜 영어회화를 하고 싶은 사람을 위한 영어회화책으로 조금이라도 영어읽기와 영어쓰기에 고민이 있거나 영어공부의 목표가 읽고 쓰고 시험을 보는 영어라면 조용히 책을 덮고 다른 영어책을 찾을 것을 권해드립니다.

영어회화는 소리, 영어시험은 문자가 중심이 되는 공부입니다. 따라서 처음 시작할 때부터 공부의 목적이 다르고 공부하는 방법도 완전히 달라질 수밖에 없습니다. 이점을 간과하고 읽기, 쓰기, 듣기, 말하기를 열심히 하면 뭐라도 되지 않을까? 하는 생각을 하면 노력에도 불구하고 실패할 수 있습니다.

지금까지 대한민국 영어회화의 실패는 확실한 성공원리를 모르고 그냥 열심히 했기 때문이라면, 이제부터는 확실한 성공원리와 한글영어교재로 열심히 해서 영어회화에 도전하는 모두가 성공할 수 있기를 바랍니다.

좀 더 자세한 내용은 한글영어 학습이론에 대해 질문과 답변형식을 빌어 구체적으로 설명한 〈정용재의 영어독설〉 책을 참조해보시기 바랍니다.

패턴 001 ~ 패턴 012

- 001 잍 이즈 ~
- 002 아이 라이크 ~
- 003 데어r즈 노우 다웉 ~
- 004 아이 원:트 ~
- 005 잍 이즈 **라**이클리 댙 ~
- 006 아임 써**포**우즈(드) 투 ~
- 007 디쓰 이즈 ~
- 008 아임 유즈(드) 투 ~
- 009 아이 캔 ~
- 010 도운(트) 텔 미 ~
- 011 아이 슏 ~
- 012 아이 인조이 ~

"한글발음을 읽을 때,
영어소리를 온몸으로 느낀다고 생각하며 읽는다"

ㅍ, ㄹ, ㅂ 는 각각 f, r, v 발음 표시
진한 발음은 강세 표시

노래처럼 한글영어 **읽기**

잍 이즈 ~

01 잍 이즈 쿨: 인 더 **모**:r닝.
02 잍 이즈 **써**니 아웉**싸**이드.
03 잍 이즈 **클**라우디 인 **쏘**울.
04 잍 이즈 **베**리 코울드 디:즈 데이즈.
05 잍 워즈 핱: **예**스터r데이.

아이 라이크 ~

01 아이 라잌 캐츠.
02 히 더즌(트) 라잌 캐츠.
03 쉬 라잌쓰 리:딩 붘쓰.
04 아이 **리**얼리 라잌 왙칭 **무**:비즈.
05 데이 도운(트) 라잌 와:칭 티**비** 앹 호움.

- 쿨:
- **써**니
- 아웉**싸**이드
- **클**라우디
- 코울드
- 디:즈 데이즈
- **예**스터r데이
- 캩
- **리**:드
- **리**얼리
- 와:취
- **무**:비

이미지 상상후 영어 **말하기**

 ~ 이다.

01 아침에는 시원하다.
02 바깥은 화창하다.
03 서울은 흐리다.
04 요즘 날씨가 매우 춥다.
05 어제는 더웠다.

 나는 ~ 을 좋아한다.

01 나는 고양이를 좋아한다.
02 그는 고양이를 좋아하지 않는다.
03 그녀는 책 읽는 것을 좋아한다.
04 나는 영화 보는 것을 정말 좋아한다.
05 그들은 집에서 TV 보는 것을 좋아하지 않는다.

- 시원한
- 햇빛이 나는
- 바깥
- 흐린
- 추운
- 요즘
- 어제
- 고양이
- 읽다
- 정말로
- 보다
- 영화

·패·턴· 003

노래처럼 한글영어 **읽기**

데어r즈 노우 다웉 ~

01 데어r즈 노우 다웉 어바웉 댙.
02 데어r즈 노우 다웉 댙 히 스**또**울 더 와:취.
03 데어r즈 노우 다웉 댙 쉬즈 어 **쥐**:니어쓰.
04 데어r즈 노우 다웉 댙 데이 딛 잍.
05 데어r즈 노우 다웉 댙 **수**:뻐r맨 이그**지**스츠.

·패·턴· 004

아이 원:트 ~

01 아이 원:트 앤 **인**추레스팅 붘.
02 쉬 더즌(트) 원:(트) 투 와:취 어 **무**:비.
03 데이 원:틷 투 밑 허r 페어런츠.
04 히 원:츠 투 고(우) 온 어 피크닠.
05 히즈 **도**:러r 디든(트) 원:트 어 기프트.

- 다우트
- 스띨:
- 와:취
- **쥐**:니어스
- 이그**지**스트
- **인**추레스팅
- 붘
- 미:트
- 페어런츠
- 피크닠
- **도**:러r
- 기프트

16 영어회화 후 알파벳 패턴영어

이미지 상상후 영어 **말하기**

~ 의심의 여지가 없다.

- 01 그것에 대해서 의심의 여지가 없다.
- 02 그가 시계를 훔쳤다는 것은 의심의 여지가 없다.
- 03 그녀가 천재라는 것은 의심의 여지가 없다.
- 04 그들이 그것을 했다는 것은 의심의 여지가 없다.
- 05 슈퍼맨이 존재한다는 것은 의심의 여지가 없다.

나는 ~ 을 원한다.

- 01 나는 재미있는 책을 원한다.
- 02 그녀는 영화 보기를 원하지 않는다.
- 03 그들은 그녀의 부모님을 만나기를 원했다.
- 04 그는 소풍 가기를 원한다.
- 05 그의 딸은 선물을 원하지 않았다.

• 의심	• 훔치다	• 시계	• 천재
• 존재하다	• 흥미로운	• 책	• 만나다
• 부모님	• 소풍	• 딸	• 선물

17

 **패턴 005**

노래처럼 한글영어 **읽기**

잍 이즈 **라**이클리 댙 ~

01 잍 이즈 **라**이클리 댙 잍 윌 레인 디쓰 애프터r**눈**:.
02 잍 이즈 **라**이클리 댙 힐 어**라**이브 온 타임.
03 잍 이즈 **라**이클리 댙 데이 해브 다이드.
04 잍 이즈 **라**이클리 댙 잍 윌 테익 **쎄**브럴 **아**워r즈.
05 잍 이즈 낱 **라**이클리 댙 위 윌 썩**씨**:드.

 **패턴 006**

아임 써**포**우즈(드) 투 ~

01 아임 써**포**우즈(드) 투 두 디쓰 투**나**잍.
02 히 이즈 써**포**우즈(드) 투 어**라**이브 앹 **파**이브.
03 아임 낱 써**포**우즈(드) 투 잍: **쏠**:티 푸:드.
04 유 아r 써**포**우즈(드) 투 비 인 스쿨: 나우.
05 쉬 워즈 써**포**우즈(드) 투 헬프 어쓰 덴.

- 레인
- 애프터r**눈**:
- 온 타임
- 다이
- **쎄**브럴
- **아**워r
- 썩**씨**:드
- 투**나**잍
- 어**라**이브
- **쏠**:티
- 헬프
- 덴

이미지 상상후 영어 말하기

~ 할 것 같다.

01 오늘 오후에 비가 올 것 같다.
02 그는 제시간에 도착할 것 같다.
03 그들은 죽었을 것 같다.
04 몇 시간이 걸릴 것 같다.
05 우리가 성공할 것 같지 않다.

나는 ~ 해야 한다.

01 난 오늘 밤에 이것을 해야 한다.
02 그는 5시에 도착해야 한다.
03 나는 짠 음식을 먹으면 안 된다.
04 너는 지금 학교에 있어야 한다.
05 그녀는 그때 우리를 도와야 했다.

- 비가 오다
- 오후
- 제시간에
- 죽다
- 몇몇의
- 시간
- 성공하다
- 오늘밤
- 도착하다
- 짠
- 돕다
- 그때

노래처럼 한글영어 **읽기**

패턴 007 디쓰 이즈 ~

01 디쓰 이즈 언 이**레**이써r.
02 디쓰 이즈 어 기프트 **퍼**r 유 프럼 유어r **브**라더r.
03 디쓰 이즈 굳 **퍼**r 유.
04 이즈 디쓰 유어r **펜**쓸? 예쓰, 잍 이즈.
05 이즌(트) 디쓰 유어r 북? 노우, 잍 이즌트.

패턴 008 아임 유즈(드) 투 ~

01 아임 유즈(드) 투 이:링 **스**빠이씨 푸:드.
02 쉬 이즈 유즈(드) 투 비잉 얼**로**운.
03 히 이즈 유즈(드) 투 히즈 오울드 췌어r.
04 위 아r 올:**레**디 유즈(드) 투 허r 비**헤**이비어r.
05 아임 낱 유즈(드) 투 디쓰 카인드 오브 띵.

• 이레이써r	• 프럼~	• 브라더r	• 펜쓸
• 스빠이씨	• 얼로운	• 오울드	• 췌어r
• 올:레디	• 비헤이비어r	• 카인드	• 띵

 **이것은 ~ 이다.**

- 01 이것은 지우개다.
- 02 이것은 네 남동생이 준 선물이다.
- 03 이것은 너에게 좋다.
- 04 이것은 당신의 연필인가요? 네, 제 것입니다.
- 05 이것은 당신의 책이 아닌가요? 아니요, 제 것이 아닙니다.

 **나는 ~ 에 익숙하다.**

- 01 나는 매운 음식을 먹는 것에 익숙하다.
- 02 그녀는 혼자 있는 것에 익숙하다.
- 03 그는 낡은 의자에 익숙하다.
- 04 우리는 이미 그녀의 행동에 익숙하다.
- 05 나는 이런 일에 익숙하지 않다.

• 지우개	• ~로 부터	• 남동생	• 연필
• 매운	• 혼자	• 낡은	• 의자
• 이미	• 행동	• 종류	• 일

노래처럼 한글영어 **읽기**

패턴 009 아이 캔 ~

01 아이 캔 플레이 **배**스킽볼:.
02 히 캔 스윔 **베**리 웰.
03 쉬 캔트 플레이 더 피**애**노우.
04 미나 캔 쿡 스뻐**게**리 바이 허r**쎌**프.
05 캔 위 쌀:브 더 **프라**:블럼 투**데**이?

패턴 010 도운(트) 텔 미 ~

01 도운(트) 텔 미 유 딛 잍.
02 도운(트) 텔 미 이츠 레이닝 아웉**싸**이드.
03 도운(트) 텔 미 댙 히 라이드 온 **퍼**:r뻐스.
04 도운(트) 텔 미 유 퍼r**겥** 마이 네임.
05 도운(트) 텔 미 위 해브 투 두 잍 어겐.

• 배스킽볼:	• 스윔	• 플레이	• 바이 허r쎌프
• 쌀:브	• 프라:블럼	• 아웉싸이드	• 라이
• 퍼:r뻐스	• 퍼r겥	• 해브 투	• 어겐

22 영어회화 후 알파벳 패턴영어

 이미지 상상후 영어 **말하기**

009 나는 ~ 할 수 있다.

- 01 나는 농구를 할 줄 안다.
- 02 그는 수영을 아주 잘 할 수 있다.
- 03 그녀는 피아노를 칠 줄 모른다.
- 04 미나는 혼자서 스파게티를 요리할 줄 안다.
- 05 우리가 오늘 그 문제를 풀 수 있을까?

010 설마 ~ 은 아니겠지.

- 01 설마 네가 그것을 한 것은 아니겠지
- 02 설마 밖에 비가 오고 있는 건 아니겠지.
- 03 설마 그가 일부러 거짓말을 한 것은 아니겠지.
- 04 설마 내 이름을 잊어버린 건 아니겠지.
- 05 설마 다시 그것을 해야 하는 것은 아니겠지.

• 농구	• 수영하다	• 연주하다	• 그녀 혼자서
• 풀다	• 문제	• 바깥	• 거짓말하다
• 목적	• 잊다	• 해야만 한다	• 다시

·패·턴· 011 노래처럼 한글영어 *읽기*
아이 슏 ~

01. 아이 슏 웨잍 퍼r 허r 언틸 파이브 어클락:.
02. 히 슏 **네버**r 고우 데어r.
03. 쉬 슏 두 허r **호움워**:r크.
04. 유 슏 와:쉬 유어r 핸즈 **퍼**:r스트.
05. 위 슈든(트) 콜 힘 나우.

·패·턴· 012
아이 인조이 ~

01. 아이 인**조**이 플레잉 위드 마이 프렌즈.
02. 줴인 인조이즈 리:딩 북쓰.
03. 데이 인**조**이(드) 토:킹 투 이취 **아**더r.
04. 쉬 인조이즈 쿠킹 인 더 키췬.
05. 위 인**조**이드 워:킹 인 더 파:r크.

• 웨잍	• 언틸	• 네버r	• 호움워:r크
• 와:쉬	• 콜:	• 토:크	• 이취 **아**더r
• 쿡	• 키췬	• 워:크	• 파:r크

이미지 상상후 영어 **말하기**

패턴 011

나는 ~ 해야 한다.

01 나는 5시까지 그녀를 기다려야 한다.
02 그는 절대로 거기에 가면 안 된다.
03 그녀는 숙제를 해야 한다.
04 너는 먼저 손부터 씻어야 한다.
05 우리는 지금 그에게 전화하면 안 된다.

패턴 012

나는 ~ 을 즐긴다.

01 나는 친구들과 노는 것을 즐긴다.
02 제인은 책 읽는 것을 즐긴다.
03 그들은 서로 이야기하는 것을 즐겼다.
04 그녀는 부엌에서 요리하는 것을 즐긴다.
05 우리는 공원에서 걷는 것을 즐겼다.

- 기다리다
- ~까지
- 결코 ~않다
- 숙제
- 씻다
- 전화하다
- 말하다
- 서로
- 요리하다
- 부엌
- 걷다
- 공원

리뷰 1 발음힌트를 보고 영어문장 말하기

01	잍 이즈 ~	16	아이 원:트 ~
02	잍 이즈 ~	17	쉬 더즌(트) 원:(트) ~
03	잍 이즈 ~	18	데이 원:틷 ~
04	잍 이즈 ~	19	히 원:츠 ~
05	잍 워즈 ~	20	히즈 **도**:러r 디든(트) ~
06	아이 라잌 ~	21	잍 이즈 **라**이클리 댙 ~
07	히 더즌(트) ~	22	잍 이즈 **라**이클리 댙 ~
08	쉬 라잌쓰 ~	23	잍 이즈 **라**이클리 댙 ~
09	아이 리얼리 ~	24	잍 이즈 **라**이클리 댙 ~
10	데이 도운(트) ~	25	잍 이즈 낱 **라**이클리 댙 ~
11	데어r즈 노우 다웉 ~	26	아임 써**포**우즈(드) 투 ~
12	데어r즈 노우 다웉 ~	27	히 이즈 써**포**우즈(드) 투 ~
13	데어r즈 노우 다웉 ~	28	아임 낱 써**포**우즈(드) 투 ~
14	데어r즈 노우 다웉 ~	29	유 아r 써**포**우즈(드) 투 ~
15	데어r즈 노우 다웉 ~	30	쉬 워즈 써**포**우즈(드) 투 ~

리뷰 2 발음힌트를 보고 영어문장 **말하기**

31 디쓰 이즈 ~
32 디쓰 이즈 ~
33 디쓰 이즈 ~
34 이즈 디쓰 ~
35 이즌(트) 디쓰 ~
36 아임 유즈(드) 투 ~
37 쉬 이즈 유즈(드) 투 ~
38 히 이즈 유즈(드) 투 ~
39 위 아r 올:레디 유즈(드) ~
40 아임 낱 유즈(드) 투 ~
41 아이 캔 ~
42 히 캔 ~
43 쉬 캔트 ~
44 미나 캔 ~
45 캔 위 쌀:브 ~

46 도운(트) 텔 미 ~
47 도운(트) 텔 미 ~
48 도운(트) 텔 미 ~
49 도운(트) 텔 미 ~
50 도운(트) 텔 미 ~
51 아이 슌 웨잍 ~
52 히 슌 네버r ~
53 쉬 슌 두 ~
54 유 슌 와:쉬 ~
55 위 슈든(트) ~
56 아이 인조이 ~
57 줴인 인조이즈 ~
58 데이 인조이(드) ~
59 쉬 인조이즈 ~
60 위 인조이드 ~

리뷰 3 의미힌트를 보고 영어문장 말하기

- 01 아침에는 ~
- 02 바깥은 ~
- 03 서울은 ~
- 04 요즘 날씨가 ~
- 05 어제는 ~
- 06 나는 고양이를 ~
- 07 그는 고양이를 ~
- 08 그녀는 책 ~
- 09 나는 영화 ~
- 10 그들은 집에서 ~
- 11 그것에 대해서 ~
- 12 그가 시계를 ~
- 13 그녀가 천재라는 것은 ~
- 14 그들이 그것을 했다는 ~
- 15 슈퍼맨이 존재한다는 ~
- 16 나는 재미있는 ~
- 17 그녀는 영화 보기를 ~
- 18 그들은 그녀의 부모님을 ~
- 19 그는 소풍 가기를 ~
- 20 그의 딸은 선물을 ~
- 21 오늘 오후에 ~
- 22 그는 제시간에 ~
- 23 그들은 죽었을 ~
- 24 몇 시간이 걸릴 ~
- 25 우리가 성공할 ~
- 26 난 오늘 밤에 ~
- 27 그는 5시에 ~
- 28 나는 짠 음식을 ~
- 29 너는 지금 학교에 ~
- 30 그녀는 그때 우리를 ~

리뷰 4 의미힌트를 보고 영어문장 말하기

- ③① 이것은 ~
- ③② 이것은 네 ~
- ③③ 이것은 너에게 ~
- ③④ 이것은 당신의 ~
- ③⑤ 이것은 당신의 책이 ~
- ③⑥ 나는 매운 ~
- ③⑦ 그녀는 혼자 ~
- ③⑧ 그는 낡은 의자에 ~
- ③⑨ 우리는 이미 ~
- ④⓪ 나는 이런 일에 ~
- ④① 나는 농구를 ~
- ④② 그는 수영을 ~
- ④③ 그녀는 피아노를 ~
- ④④ 미나는 혼자서 ~
- ④⑤ 우리가 오늘 ~
- ④⑥ 설마 네가 그것을 ~
- ④⑦ 설마 밖에 비가 ~
- ④⑧ 설마 그가 일부러 ~
- ④⑨ 설마 내 이름을 ~
- ⑤⓪ 설마 다시 그것을 ~
- ⑤① 나는 5시까지 ~
- ⑤② 그는 절대로 ~
- ⑤③ 그녀는 숙제를 ~
- ⑤④ 너는 먼저 ~
- ⑤⑤ 우리는 지금 ~
- ⑤⑥ 나는 친구들과 ~
- ⑤⑦ 제인은 책 ~
- ⑤⑧ 그들은 서로 ~
- ⑤⑨ 그녀는 부엌에서 ~
- ⑥⓪ 우리는 공원에서 ~

여러분을 응원합니다!

한글영어학습에 대해서 궁금한 점이 있다면
한글영어 공식카페로 질문해주세요.

https://cafe.naver.com/korchinese

모든 질문에 성심껏
답변을 드리도록 하겠습니다.

패턴 013 ~ 패턴 024

- **013** 데어r 이즈 ~
- **014** 마이 / 유어r / 히즈 / 허r / 아워r
- **015** 캔 아이 ~ ?
- **016** 잍 테이스츠 / 잍 싸운즈 / 잍 룩쓰 ~
- **017** 레츠 ~
- **018** 더 래스(트) 띵 ~
- **019** 유 룩 라익 ~
- **020** 아임 프럼 ~
- **021** 웨어r 이즈 ~ ?
- **022** 웬 이즈 ~ ?
- **023** 월 이즈 ~ ?
- **024** 기브 마이 리가:r즈 ~

"한글발음을 읽을 때,
영어소리를 온몸으로 느낀다고 생각하며 읽는다"

프, 르, 브 는 각각 f, r, v 발음 표시
진한 발음은 강세 표시

패턴 013

노래처럼 한글영어 읽기

데어r 이즈 ~

01 데어r 이즈 원 피:취 온 더 추리:.
02 데어r 아r 투: 애쁠즈 온 더 **테**이블.
03 데어r 이즈 어 **라**이언 인 더 주:.
04 이즈 데어r 어 버:r드 인 더 케이쥐?
05 데어r 워즈 어 뱅크 온 더 **코**:r너r.

패턴 014

마이 / 유어r / 히즈 / 허r / 아워r

01 디쓰 이즈 마이 **펜**쓸 케이쓰.
02 유어r 데스크 이즈 오우버r 데어r.
03 히 로:스트 히즈 **노**울북 **예**스터r데이.
04 댙 이즈 허r 백.
05 **아**워r 스쿨: **피**니쉬즈 앹 씩쓰.

- 피:취
- **라**이언
- 주:
- 케이쥐
- 뱅크
- **코**:r너r
- **펜**쓸 케이쓰
- **오**우버r 데어r
- 루:즈
- **노**울북
- **예**스터r데이
- **피**니쉬

 **패턴 013** 이미지 상상후 영어 *말하기*

~ 이 있다.

- 01 나무에 복숭아가 하나 있다.
- 02 탁자 위에 사과 두 개가 있다.
- 03 동물원에 사자가 한 마리 있다.
- 04 새장에 새가 한 마리 있나요?
- 05 길모퉁이에 은행이 있었다.

 **패턴 014**

나의 / 너의 / 그의 / 그녀의 / 우리의

- 01 이것은 나의 필통이다.
- 02 너의 책상은 저쪽에 있다.
- 03 그는 어제 그의 공책을 잃어버렸다.
- 04 그것은 그녀의 가방이다.
- 05 우리 학교는 6시에 끝난다.

• 복숭아	• 사자	• 동물원	• 새장
• 은행	• 모퉁이	• 필통	• 저기에
• 잃어버리다	• 공책	• 어제	• 마치다

패턴 015

노래처럼 한글영어 읽기

캔 아이 ~ ?

- 01 캔 아이 유즈 유어r 컴**퓨:**러r?
- 02 캔 아이 잍: 마이 런취 히어r?
- 03 캔 아이 씨: 더 **쌤**쁠?
- 04 캔 아이 콜: 유 민수?
- 05 캔 아이 헬프 유?

패턴 016

잍 테이스츠 / 잍 싸운즈 / 잍 룩쓰 ~

- 01 잍 테이스츠 굳.
- 02 잍 룩쓰 쏘우 이:지 투 주라이브 어 카:r.
- 03 유어r 플랜 싸운즈 **리:**얼리 **인**추레스팅.
- 04 디:즈 쥔:즈 룩 투 스몰: 퍼r 미.
- 05 디쓰 **캔**디 테이스츠 **베**리 스윝:.

- 컴**퓨:**러r
- 런취
- 히어r
- **쌤**쁠
- 콜:
- **이:**지
- 주라이브
- **리:**얼리
- **인**추레스팅
- 투:
- 스몰:
- 스위:트

 제가 ~ 해도 될까요?

01 제가 당신의 컴퓨터를 사용해도 될까요?
02 제가 여기서 점심을 먹어도 될까요?
03 제가 샘플을 볼 수 있을까요?
04 제가 당신을 민수라고 불러도 될까요?
05 제가 당신을 좀 도와 드릴까요?

 ~ 맛이 나다 / ~ 들리다 / ~ 보이다.

01 맛이 좋다.
02 차를 운전하는 것은 진짜 쉬워 보인다.
03 너의 계획은 정말 흥미롭게 들린다.
04 이 청바지는 나에게 너무 작아 보인다.
05 이 사탕은 매우 달다.

• 컴퓨터	• 점심	• 여기	• 샘플
• 부르다	• 쉬운	• 운전하다	• 정말로
• 흥미로운	• 너무	• 작은	• 달콤한

노래처럼 한글영어 읽기

패턴 017 레츠 ~

01 레츠 올: 스윔 투**게**더r.
02 레츠 낱 해브 디너r 투나잍.
03 레츠 리:드 어 붘 아웉 라우드.
04 레츠 고우 투 스쿨: 크위끌리.
05 레츠 낱 무:브 더 **헤**비 락:.

패턴 018 더 래스(트) 띵 ~

01 더 래스(트) 띵 아이 니:드 이즈 언 **액**씨던트.
02 더 래스(트) 띵 아이 원:(트) 투 두 이즈 투 티:취.
03 더 래스(트) 띵 위 니:드 이즈 어 디써**그리**:멘트.
04 더 래스(트) 띵 쉬 니:즈 이즈 어 워r.
05 더 래스(트) 띵 히 원:츠 이즈 투 웨이스(트) 타임.

• 스윔	• 투게더r	• 라우드	• 크위끌리
• 헤비	• 락:	• 액씨던트	• 티:취
• 디써그리:멘트	• 니:드	• 워r	• 웨이스트

 이미지 상상후 영어 **말하기**

~ 하자.

01 다 함께 수영하자.
02 오늘 밤에는 저녁을 먹지 말자.
03 큰 소리로 책을 읽자.
04 빨리 학교에 가자.
05 무거운 바위를 옮기지 말자.

절대 ~ 않다.

01 내게 사고는 절대 없어야 한다.
02 나는 절대 가르치고 싶지 않다.
03 우리에겐 절대로 의견 충돌이 있어선 안 된다.
04 그녀가 절대 원하지 않는 것은 전쟁이다.
05 그가 절대 원치 않는 것은 시간을 낭비하는 것이다.

• 수영하다	• 함께	• 큰소리의	• 빨리
• 무거운	• 바위	• 사고	• 가르치다
• 의견 충돌	• 필요로 하다	• 전쟁	• 낭비하다

노래처럼 한글영어 **읽기**

유 룩 라익 ~

- 01 유 룩 라익 유어r 인 어**나**더r 워:r을드.
- 02 윁 더즈 유어r 독: 룩 라익?
- 03 코알:라즈 룩 라익 베어r즈 인 어 웨이.
- 04 위 룩 라익 파:더r 앤(드) 썬.
- 05 민수 더즌(트) 룩 라익 유 앹 올.

아임 프럼 ~

- 01 아임 프럼 코**리**:아.
- 02 웨어r 아r 유 프럼?
- 03 히 이즈 프럼 브러**질**.
- 04 잭쓴 워즈 프럼 디 유나이릳 스떼이츠.
- 05 데이 아r 낱 프럼 프**랜**쓰.

• 어**나**더r	• 워:r을드	• 베어r	• 인 어 웨이
• **파**:더r	• 썬	• 낱 앹 올	• 코**리**:아
• 웨어r	• 브러**질**	• 유**나**이릳 스떼이츠	• 프**랜**쓰

이미지 상상후 영어 **말하기**

너는 ~ 같이 보인다.

01 너는 딴 세상에 있는 사람같이 보인다.
02 당신의 강아지는 어떻게 생겼나요?
03 코알라는 어떤 면에서는 곰처럼 보인다.
04 우리는 아버지와 아들같이 보인다.
05 민수는 전혀 너같이 보이지 않는다.

나는 ~ 출신이다.

01 나는 한국 출신이다.
02 당신은 어디 출신인가요?
03 그는 브라질 출신이다.
04 잭슨은 미국 출신이었다.
05 그들은 프랑스 출신이 아니다.

• 또 다른   • 세계   • 곰   • 어떤면에서는
• 아버지   • 아들   • 전혀 아니다   • 한국
• 어디   • 브라질   • 미국   • 프랑스

패턴 021 웨어r 이즈 ~ ?

노래처럼 한글영어 **읽기**

- 01 웨어r 이즈 마이 와:취?
- 02 웨어r 아r 히즈 글래씨즈?
- 03 웨어r 앰 아이?
- 04 웨어r 워즈 유어r 펜쓸 케이쓰?
- 05 웨어r 아r 데이 나우?

패턴 022  웬 이즈 ~ ?

- 01 웬 이즈 런취 타임?
- 02 웬 워즈 유어r 버:r쓰데이?
- 03 웬 이즈 브레잌 타임?
- 04 웬 워즈 유어r 어포인(트)멘트 위드 허r?
- 05 웬 이즈 더 퍼:r스(트) 데이 어브 스쿨:?

- 와:취
- 글래씨즈
- 유어r
- 펜쓸 케이쓰
- 나우
- 런취 타임
- 버:r쓰데이
- 브레잌 타임
- 어포인(트)멘트
- 위드
- 퍼:r스트
- 스쿨:

패턴 021   ~ 어디에 있나요?

- 01 저의 시계는 어디에 있나요?
- 02 그의 안경은 어디에 있나요?
- 03 제가 어디에 있나요?
- 04 당신의 필통은 어디에 있었나요?
- 05 그들은 지금 어디에 있나요?

패턴 022   ~ 는 언제인가요?

- 01 점심시간은 언제인가요?
- 02 당신의 생일은 언제였나요?
- 03 쉬는 시간은 언제인가요?
- 04 그녀와의 약속은 언제였나요?
- 05 개학일이 언제인가요?

• 시계	• 안경	• 너의	• 필통
• 지금	• 점시시간	• 생일	• 쉬는 시간
• 약속	• ~와 함께	• 첫 번째	• 학교

41

패턴 023 노래처럼 한글영어 읽기

웥 이즈 ~ ?

- **01** 웥 이즈 유어r 네임?
- **02** 웥 이즈 유어r **페**이버맅 푸:드?
- **03** 웥 워즈 허r **하**:비?
- **04** 웥 아r **도**우즈 띵즈 **오우바**r 데어r?
- **05** 웥 아r 데어r 네임즈?

패턴 024

기브 마이 리가:r즈 ~

- **01** 기브 마이 리**가**:r즈 투 유어r **패**믈리.
- **02** 플리즈 기브 마이 리**가**:r즈 투 유어r **페**어런츠.
- **03** 기브 마이 베스트 리**가**:r즈 투 **파**:더r.
- **04** 비 슈어r 투 기브 마이 리**가**:r즈 투 허r.
- **05** 플리:즈 기브 힘 마이 리**가**:r즈.

- 네임
- **페**이버맅
- **하**:비
- 띵
- **오우바**r 데어r
- 리**가**:r즈
- **패**믈리
- **페**어런츠
- 베스트
- 슈어r
- 기브
- 플리:즈

이미지 상상후 영어 **말하기**

~ 무엇인가요?

- 01 당신의 이름은 무엇인가요?
- 02 당신이 가장 좋아하는 음식은 무엇인가요?
- 03 그녀의 취미는 무엇이었나요?
- 04 저기에 있는 것들은 무엇인가요?
- 05 그들의 이름은 무엇인가요?

~ 에게 안부 전해 주세요.

- 01 당신의 가족들에게 내 안부를 전해 주세요.
- 02 당신의 부모님께 내 안부를 전해 주세요.
- 03 아버지께 내 안부를 전해 주세요.
- 04 그녀에게 확실히 내 안부를 전해 주세요.
- 05 그에게 내 안부 전해 주세요.

• 이름	• 가장 좋아하는	• 취미	• 물건
• 저기에	• 안부	• 가족	• 부모님
• 최고의	• 확실한	• 주다	• ~해주세요

리뷰 1 발음힌트를 보고 영어문장 말하기

- 01 데어r 이즈 원 ~
- 02 데어r 아r 투: ~
- 03 데어r 이즈 ~
- 04 이즈 데어r ~
- 05 데어r 워즈 ~
- 06 디쓰 이즈 ~
- 07 유어r 데스크 ~
- 08 히 로:스트 ~
- 09 댈 이즈 ~
- 10 아워r 스쿨: 피니쉬즈 ~
- 11 캔 아이 유즈 ~
- 12 캔 아이 잍: ~
- 13 캔 아이 씨: ~
- 14 캔 아이 콜: ~
- 15 캔 아이 헬프 ~
- 16 잍 테이스츠 ~
- 17 잍 룩쓰 쏘우 ~
- 18 유어r 플랜 싸운즈 ~
- 19 디:즈 쥔:즈 룩 ~
- 20 디쓰 캔디 테이스츠 ~
- 21 레츠 올: ~
- 22 레츠 낱 해브 ~
- 23 레츠 리:드 ~
- 24 레츠 고우 투 ~
- 25 레츠 낱 무:브 ~
- 26 더 래스(트) 띵 ~
- 27 더 래스(트) 띵 ~
- 28 더 래스(트) 띵 ~
- 29 더 래스(트) 띵 ~
- 30 더 래스(트) 띵 ~

리뷰 2 발음힌트를 보고 영어문장 *말하기*

- ㉛ 유 룩 라익 ~
- ㉜ 윁 더즈 유어r ~
- ㉝ 코알:라즈 룩 라익 ~
- ㉞ 위 룩 라익 ~
- ㉟ 민수 더즌(트) 룩 ~
- ㊱ 아임 프럼 ~
- ㊲ 웨어r 아r ~
- ㊳ 히 이즈 프럼 ~
- ㊴ 잭쓴 워즈 프럼 ~
- ㊵ 데이 아r 낱 ~
- ㊶ 웨어r 이즈 ~
- ㊷ 웨어r 아r ~
- ㊸ 웨어r 앰 ~
- ㊹ 웨어r 워즈 ~
- ㊺ 웨어r 아r ~
- ㊻ 웬 이즈 ~
- ㊼ 웬 워즈 ~
- ㊽ 웬 이즈 ~
- ㊾ 웬 워즈 ~
- ㊿ 웬 이즈 ~
- 51 윁 이즈 ~
- 52 윁 이즈 ~
- 53 윁 워즈 ~
- 54 윁 아r ~
- 55 윁 아r ~
- 56 기브 마이 리가:r즈 ~
- 57 플리즈 기브 마이 ~
- 58 기브 마이 베스트 ~
- 59 비 슈어r 투 기브 ~
- 60 플리:즈 기브 ~

리뷰 3 | 의미힌트를 보고 영어문장 말하기

- 01 나무에 복숭아가 ~
- 02 탁자 위에 사과 ~
- 03 동물원에 사자가 ~
- 04 새장에 새가 ~
- 05 길모퉁이에 ~
- 06 이것은 나의 ~
- 07 너의 책상은 ~
- 08 그는 어제 그의 ~
- 09 그것은 그녀의 ~
- 10 우리 학교는 ~
- 11 제가 당신의 ~
- 12 제가 여기서 ~
- 13 제가 샘플을 ~
- 14 제가 당신을 ~
- 15 제가 당신을 ~
- 16 맛이 ~
- 17 차를 운전하는 ~
- 18 너의 계획은 ~
- 19 이 청바지는 ~
- 20 이 사탕은 ~
- 21 다 함께 ~
- 22 오늘 밤에는 ~
- 23 큰 소리로 ~
- 24 빨리 학교에 ~
- 25 무거운 바위를 ~
- 26 내게 사고는 ~
- 27 나는 절대 ~
- 28 우리에겐 절대로 ~
- 29 그녀가 절대 ~
- 30 그가 절대 원치 ~

리뷰 4 의미힌트를 보고 영어문장 **말하기**

- 31 너는 딴 세상에 ~
- 32 당신의 강아지는 ~
- 33 코알라는 어떤 ~
- 34 우리는 아버지와 ~
- 35 민수는 전혀 ~
- 36 나는 한국 ~
- 37 당신은 어디 ~
- 38 그는 브라질 ~
- 39 잭슨은 미국 ~
- 40 그들은 프랑스 ~
- 41 저의 시계는 ~
- 42 그의 안경은 ~
- 43 제가 어디에 ~
- 44 당신의 필통은 ~
- 45 그들은 지금 ~
- 46 점심시간은 ~
- 47 당신의 생일은 ~
- 48 쉬는 시간은 ~
- 49 그녀와의 약속은 ~
- 50 개학일이 ~
- 51 당신의 이름은 ~
- 52 당신이 가장 ~
- 53 그녀의 취미는 ~
- 54 저기에 있는 것들은 ~
- 55 그들의 이름은 ~
- 56 당신의 가족들에게 ~
- 57 당신의 부모님께 ~
- 58 아버지께 내 ~
- 59 그녀에게 확실히 ~
- 60 그에게 내 ~

47

여러분을 응원합니다!

**한글영어학습에 대해서 궁금한 점이 있다면
한글영어 공식카페로 질문해주세요.**

https://cafe.naver.com/korchinese

모든 질문에 성심껏
답변을 드리도록 하겠습니다.

패턴 025 ~ 패턴 036

- (025) 아이 머스트 ~
- (026) 윌 메익쓰 유 ~ ?
- (027) 후 이즈 ~ ?
- (028) 와이 이즈 ~ ?
- (029) 모:어r 댄 ~
- (030) 더 모우스트 ~
- (031) **예스터r데이** / 투데이 / 투**마**:로우
- (032) 이즈 잍 추루: ~ ?
- (033) 아이 **썸**타임즈 ~ / 아이 **올:**웨이즈 ~
- (034) 아임 두잉 ~
- (035) 앹 호움 / 앹 스쿨:
- (036) 아이 유:즈(드) 투 ~

"한글발음을 읽을 때,
영어소리를 온몸으로 느낀다고 생각하며 읽는다"

ㅍ, ㄹ, ㅂ 는 각각 f, r, v 발음 표시
진한 발음은 강세 표시

노래처럼 한글영어 읽기

아이 머스트 ~

01 아이 머스트 **피**니쉬 마이 **호**움워:r크 바이 파이브 어**클**락:.
02 히 머스(트) 고우 투 더 **하**:스피를 라잍 나우.
03 유 머스트 헬프 유어r 프렌드.
04 위 머스트 **팔**:로우 더 **룰**:즈.
05 미나 머스(트) 킾 잍 어 **씨**:크맅 퍼**레**버r.

웥 메잌쓰 유 ~ ?

01 웥 메잌쓰 유 쎄이 댙?
02 웥 메잌쓰 유 띵크 댙 이즌(트) 추**로**:?
03 웥 메잍 유 래:프 쏘우 라이들리?
04 웥 메잍 허r 앵그**리** 위드 미?
05 웥 메잍 힘 두 디스 워:r크?

- **피**니쉬
- **호**움워:r크
- **하**:스피를
- 라잍 나우
- **팔**:로우
- **룰**:
- **씨**:크맅
- 퍼**레**버r
- 추**로**:
- 라우들리
- 앵그**리**
- 워:r크

 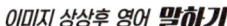

나는 ~ 해야만 한다.

01 나는 5시까지 숙제를 끝내야 한다.
02 그는 지금 당장 병원에 가야 한다.
03 너는 너의 친구를 도와야 한다.
04 우리는 규칙을 따라야 한다.
05 미나는 그것을 영원히 비밀로 간직해야 한다.

무엇 때문에 ~ 그런가요?

01 무엇 때문에 그렇게 말하는 건가요?
02 무엇 때문에 그게 사실이 아니라고 생각하나요?
03 무엇 때문에 그렇게 크게 웃으셨나요?
04 무엇 때문에 그녀가 나에게 화가 났었나요?
05 무엇 때문에 그가 이 일을 하게 되었나요?

- 끝내다
- 숙제
- 병원
- 당장
- 따르다
- 규칙
- 비밀
- 영원히
- 진실의
- 큰소리로
- 화난
- 일

패턴 027 노래처럼 한글영어 읽기

후 이즈 ~ ?

- 01 후 아r 유?
- 02 후 워즈 더 맨 인 더 픽춰r?
- 03 후 이즈 댇 워먼 오우버r 데어r?
- 04 후 아r 디즈 췰드런?
- 05 후 이즈 디쓰 핸썸 맨?

패턴 028

와이 이즈 ~ ?

- 01 와이 아r 유 앵그리 투데이?
- 02 와이 이(즈) 쉬 크라잉 나우?
- 03 와이 아r 데이 웨어링 캪쓰?
- 04 와이 워즈 히 쏘우 너:r버쓰 예스터r데이?
- 05 와이 워r 유 히어r 쏘우 어얼:r리?

• 맨	• 픽춰r	• 워먼	• 췰드런
• 핸썸	• 앵그리	• 크라이	• 웨어
• 캪	• 너:r버쓰	• 히어	• 어얼:r리

이미지 상상후 영어 **말하기**

~ 는 누구인가요?

- 01 당신은 누구인가요?
- 02 사진 속의 남자는 누구인가요?
- 03 저기 있는 저 여자는 누구인가요?
- 04 이 아이들은 누구인가요?
- 05 이 잘생긴 남자는 누구인가요?

왜 ~ 인가요?

- 01 당신은 오늘 왜 화가 났나요?
- 02 그녀는 지금 왜 울고 있나요?
- 03 그들은 왜 모자를 쓰고 있나요?
- 04 그는 어제 왜 그렇게 긴장했었나요?
- 05 당신은 왜 이렇게 일찍 왔었나요?

- 남자
- 사진
- 여자
- 아이들
- 잘생긴
- 화난
- 울다
- 쓰다
- 모자
- 긴장한
- 여기
- 일찍

53

노래처럼 한글영어 **읽기**

029 모:어r 댄 ~

01 아임 **패**스터r 댄 유.
02 쉬 이즈 모:어r **뷰:**리플 댄 허r **씨**스터r.
03 더 **베**이비 이즈 스마:r터r 댄 아이 쏘트:.
04 위 아r 머취 스추롱:거r 댄 뎀.
05 히 워즈 모:어r **페**이머쓰 댄 미.

030 더 모우스트 ~

01 아임 더 스추롱:게스트 인 마이 클래쓰.
02 쉬 이즈 더 모우스트 뷰:리플.
03 유 아r 더 **패**스티스(트) 플레이어r 인 더 워:r을드.
04 디쓰 백 이즈 더 모우스트 익쓰뻰씨브.
05 위 아r 두잉 **아**워r 베스트.

• 패스트	• 뷰:리플	• 씨스터r	• 스마:r트
• 띵크	• 스추롱:	• 페이머쓰	• 클래쓰
• 플레이어r	• 워:r을드	• 익쓰뻰씨브	• 베스트

이미지 상상후 영어 **말하기**

~ 보다 더

01 내가 너보다 더 빠르다.
02 그녀는 그녀 여동생보다 더 아름답다.
03 그 아기는 내가 생각했던 것보다 더 똑똑하다.
04 우리는 그들보다 훨씬 더 강하다.
05 그는 나보다 더 유명했었다.

가장 ~ 한

01 내가 반에서 가장 힘이 세다.
02 그녀는 가장 아름답다.
03 넌 세계에서 가장 빠른 선수다.
04 이 가방이 가장 비싸다.
05 우리는 최선을 다하고 있다.

- 빠른
- 아름다운
- 여동생
- 영리한
- 생각하다
- 강한
- 유명한
- 반
- 선수
- 세계
- 비싼
- 최선의

노래처럼 한글영어 읽기

031 예스터r데이 / 투데이 / 투마:로우

- 01 아이 에잍 어 **샌드위취 예스터**r데이.
- 02 데이 윌 비 **앱쓴**(트) **투마:로우**.
- 03 히 **리쓴**(드) 투 **뮤:**질 **예스터**r데이.
- 04 데이 아r 고잉 바이 추**레**인 투**데**이.
- 05 위 윌 **비**짙 더 **라**이브레리 **투마:**로우.

032 이즈 잍 추루: ~ ?

- 01 이즈 잍 추루: 댙 유 아r 루낑 퍼r 어 좁:?
- 02 이즈 잍 추루: 웥 쉬 쎄드 어바욷 유?
- 03 이즈 잍 추루: 댙 히 워즈 온 티비 **예스터**r데이?
- 04 이즈 잍 추루: 댙 데이 아r 프**레**지던츠?
- 05 이즈 잍 추루: 댙 유 해브 **네버**r 토울드 어 라이?

- 앱쓴트
- 리쓴
- 뮤:질
- 추레인
- 비짙
- 라이브레리
- 투마:로우
- 룩 포:r
- 예스터r데이
- 프레지던트
- 네버r
- 텔 어 라이

이미지 상상후 영어 **말하기**

어제 / 오늘 / 내일

01 나는 어제 샌드위치를 먹었다.
02 그들은 내일 결석할 것이다.
03 그는 어제 음악을 들었다.
04 그들은 오늘 기차로 갈 것이다.
05 우리는 내일 도서관을 방문할 것이다.

~ 가 사실인가요?

01 네가 일자리를 찾고 있다는 것이 사실인가요?
02 그녀가 당신에 대해 말한 것이 사실인가요?
03 그가 어제 TV에 나왔다는 것이 사실인가요?
04 그들이 대통령이라는 것이 사실인가요?
05 네가 거짓말을 한 적이 없다는 것이 사실인가요?

- 결석한
- 듣다
- 음악
- 기차
- 방문하다
- 도서관
- 내일
- ~을 찾다
- 어제
- 대통령
- 결코 아니다
- 거짓말하다

노래처럼 한글영어 **읽기**

아이 **썸**타임즈 ~ / 아이 **올:**웨이즈 ~

01 아이 플레이 **비**디오 게임즈 앹 호움 **썸**타임즈.
02 쉬 **썸**타임즈 와:취즈 티**비:** 인 디 **오:**피쓰.
03 히 **올:**웨이즈 고우즈 투 스쿨: 바이 버쓰.
04 위 **올:**웨이즈 스뻭: 코**리:**언.
05 데이 워:r크 투**게**더r **썸**타임즈.

아임 두잉 ~

01 아임 쿠킹 **라:**멘 인 더 **키**췬.
02 히 이즈 **리**쓰닝 투 **뮤:**직 인 더 **리**빙 룸:.
03 쉬 이즈 콜:링 허r 프렌드 인 더 **베**드룸:.
04 위 아r 웨이링 퍼r 더 버쓰.
05 데어r 플레잉 **싸**꺼r 온 더 **필:**드.

- **썸**타임즈
- **오:**피쓰
- **올:**웨이즈
- 바이 버쓰
- 스뻭:크
- 코**리:**언
- 쿡
- **키**췬
- **리**빙 룸:
- **베**드룸:
- **싸**꺼r
- **필:**드

이미지 상상후 영어 **말하기**

 **패턴 033** 나는 가끔 ~ / 나는 항상 ~

01 나는 가끔 집에서 비디오 게임을 한다.
02 그녀는 가끔 사무실에서 TV를 본다.
03 그는 항상 버스를 타고 학교에 간다.
04 우리는 항상 한국말을 한다.
05 그들은 가끔 함께 일한다.

 **패턴 034** 나는 ~ 하고 있다.

01 나는 부엌에서 라면을 끓이고 있다.
02 그는 거실에서 음악을 듣고 있다.
03 그녀는 침실에서 친구에게 전화하고 있다.
04 우리는 버스를 기다리고 있다.
05 그들은 들판에서 축구를 하고 있다.

• 가끔	• 사무실	• 항상	• 버스로
• 말하다	• 한국어	• 요리하다	• 부엌
• 거실	• 침실	• 축구	• 들판

노래처럼 한글영어 읽기

035 앨 호움 / 앨 스쿨:

01 아이 슬립: 앨 호움.
02 쉬 클린:(드) 더 **클래쓰룸** 앨 스쿨:.
03 히 플레이즈 더 피**애**노우 앨 호움.
04 위 밑: **아**워r 프렌즈 앨 스쿨:.
05 데이 헬드 어 **버**:r쓰데이 **파**:r티 앨 호움.

036 아이 유:즈(드) 투 ~

01 아이 유:즈(드) 투 **리**:드 **매**거진:즈 인 더 **라**이브레리.
02 히 유:즈(드) 투 **라**이드 어 **바**이씨클 인 더 **파**:r크.
03 쉬 유:즈(드) 투 **콜**: 허r **페**어런츠.
04 위 유:즈(드) 투 플레이 **베**이쓰볼: 인 더 **스**테이디엄.
05 데이 유:즈(드) 투 컴 투 마이 하우쓰.

- 슬립:
- 클린:
- **클래쓰룸**
- **미**:트
- 프렌드
- 호울드
- **매**거진:
- **라**이브레리
- **바**이씨클
- **베**이쓰볼:
- **스**테이디엄
- 하우쓰

패턴 035  이미지 상상후 영어 **말하기**

집에서 / 학교에서

01 나는 집에서 잠을 잔다.
02 그녀는 학교에서 교실을 청소했다.
03 그는 집에서 피아노를 친다.
04 우리는 학교에서 친구들을 만난다.
05 그들은 집에서 생일 파티를 열었다.

패턴 036

나는 ~ 하곤 했다.

01 나는 도서관에서 잡지를 읽곤 했다.
02 그는 공원에서 자전거를 타곤 했다.
03 그녀는 부모님께 전화를 걸곤 했다.
04 우리는 경기장에서 야구를 하곤 했다.
05 그들은 우리 집에 오곤 했다.

• 잠자다	• 청소하다	• 교실	• 만나다
• 친구	• 모임을 열다	• 잡지	• 도서관
• 자전거	• 야구	• 경기장	• 집

리뷰 1 발음힌트를 보고 영어문장 말하기

- 01 아이 머스트 **피**니쉬 ~
- 02 히 머스(트) 고우 ~
- 03 유 머스트 헬프 ~
- 04 위 머스트 팔:로우 ~
- 05 미나 머스(트) 킾 ~
- 06 윌 메잌쓰 ~
- 07 윌 메잌쓰 유 ~
- 08 윌 메잍 유 래:프 ~
- 09 윌 메잍 허r ~
- 10 윌 메잍 힘 ~
- 11 후 아r ~
- 12 후 워즈 더 맨 ~
- 13 후 이즈 댙 ~
- 14 후 아r 디즈 ~
- 15 후 이즈 디쓰 ~
- 16 와이 아r 유 ~
- 17 와이 이(즈) 쉬 ~
- 18 와이 아r 데이 ~
- 19 와이 워즈 히 ~
- 20 와이 워r 유 ~
- 21 아임 **패**스터r ~
- 22 쉬 이즈 모:어r ~
- 23 더 **베**이비 이즈 ~
- 24 위 아r 머취 ~
- 25 히 워즈 모:어r ~
- 26 아임 더 스추롱:게스트 ~
- 27 쉬 이즈 더 모우스트 ~
- 28 유 아r 더 패스티스(트) ~
- 29 디쓰 백 이즈 더 ~
- 30 위 아r 두잉 ~

리뷰 2 발음힌트를 보고 영어문장 말하기

31 아이 에일 어 ~

32 데이 윌 비 ~

33 히 **리**쓴(드) 투 ~

34 데이 아r 고잉 ~

35 위 윌 **비**짙 더 ~

36 이즈 잍 추루: 댙 ~

37 이즈 잍 추로: 웥 ~

38 이즈 잍 추루: 댙 ~

39 이즈 잍 추로: 댙 ~

40 이즈 잍 추로: 댙 ~

41 아이 플레이 **비**디오 ~

42 쉬 썸타임즈 ~

43 히 **올**:웨이즈 고우즈 ~

44 위 올:웨이즈 스뻭: ~

45 데이 워:r크 ~

46 아임 쿠킹 라:멘 ~

47 히 이즈 **리**쓰닝 ~

48 쉬 이즈 콜:링 ~

49 위 아r 웨이링 ~

50 데어r 플레잉 ~

51 아이 슬맆: ~

52 쉬 클린:(드) ~

53 히 플레이즈 ~

54 위 밑: 아워r ~

55 데이 헬드 ~

56 아이 유:즈(드) 투 리:드 ~

57 히 유:즈(드) 투 라이드 ~

58 쉬 유:즈(드) 투 콜: ~

59 위 유:즈(드) 투 플레이 ~

60 데이 유:즈(드) 투 컴 ~

리뷰 3 의미힌트를 보고 영어문장 말하기

- 01 나는 5시까지 ~
- 02 그는 지금 당장 ~
- 03 너는 너의 ~
- 04 우리는 규칙을 ~
- 05 미나는 그것을 ~
- 06 무엇 때문에 그렇게 ~
- 07 무엇 때문에 그게 ~
- 08 무엇 때문에 그렇게 ~
- 09 무엇 때문에 그녀가 ~
- 10 무엇 때문에 그가 ~
- 11 당신은 ~
- 12 사진 속의 남자는 ~
- 13 저기 있는 저 ~
- 14 이 아이들은 ~
- 15 이 잘생긴 남자는 ~
- 16 당신은 오늘 왜 ~
- 17 그녀는 지금 왜 ~
- 18 그들은 왜 ~
- 19 그는 어제 왜 ~
- 20 당신은 왜 ~
- 21 내가 너보다 ~
- 22 그녀는 그녀 ~
- 23 그 아기는 내가 ~
- 24 우리는 그들보다 ~
- 25 그는 나보다 ~
- 26 내가 반에서 ~
- 27 그녀는 가장 ~
- 28 넌 세계에서 ~
- 29 이 가방이 ~
- 30 우리는 최선을 ~

리뷰 4 · 의미힌트를 보고 영어문장 말하기

- 31 나는 어제 ~
- 32 그들은 내일 ~
- 33 그는 어제 ~
- 34 그들은 오늘 ~
- 35 우리는 내일 ~
- 36 네가 일자리를 ~
- 37 그녀가 당신에 ~
- 38 그가 어제 TV에 ~
- 39 그들이 대통령이라는 ~
- 40 네가 거짓말을 ~
- 41 나는 가끔 집에서 ~
- 42 그녀는 가끔 ~
- 43 그는 항상 버스를 ~
- 44 우리는 항상 ~
- 45 그들은 가끔 ~
- 46 나는 부엌에서 ~
- 47 그는 거실에서 ~
- 48 그녀는 침실에서 ~
- 49 우리는 버스를 ~
- 50 그들은 들판에서 ~
- 51 나는 집에서 ~
- 52 그녀는 학교에서 ~
- 53 그는 집에서 ~
- 54 우리는 학교에서 ~
- 55 그들은 집에서 ~
- 56 나는 도서관에서 ~
- 57 그는 공원에서 ~
- 58 그녀는 부모님께 ~
- 59 우리는 경기장에서 ~
- 60 그들은 우리 집에 ~

여러분을 응원합니다!

**한글영어학습에 대해서 궁금한 점이 있다면
한글영어 공식카페로 질문해주세요.**

https://cafe.naver.com/korchinese

모든 질문에 성심껏
답변을 드리도록 하겠습니다.

패턴 037 ~ 패턴 048

- (037) 후즈 캔디 ~ ?
- (038) 하우 빅 ~ ?
- (039) 하우 매니 ~ ?
- (040) 하우 머취 ~ ?
- (041) 윌 어바웉 / 하우 어바웉 ~ ?
- (042) 아이 하r들리 에버r / 아이 네버r ~
- (043) 윌 유 ~ ? / 우 쥬 ~ ?
- (044) 잍 머스트 비 ~
- (045) 데어r즈 노우 웨이 ~
- (046) 유 슏 해브 빈 ~
- (047) 아임 타이어r드 어브 ~
- (048) 마이 페이버맅 푸:드 ~

"한글발음을 읽을 때,
영어소리를 온몸으로 느낀다고 생각하며 읽는다"

ㅍ, ㄹ, ㅂ 는 각각 f, r, v 발음 표시
진한 발음은 강세 표시

노래처럼 한글영어 읽기

패턴 037 후즈 캔디 ~ ?

- 01 후즈 **캔**디 이즈 디쓰?
- 02 후즈 와:취 이즈 댙?
- 03 후즈 슈:즈 아r 디:즈?
- 04 후즈 픽춰r즈 아r 도우즈?
- 05 후즈 아이**디:**어 워즈 잍 투 클린: 더 **룸**:?

패턴 038 하우 빅 ~ ?

- 01 하우 빅 이즈 더 웨일 인 더 씨:?
- 02 하우 스몰: 이즈 더 마우쓰 인 더 호울?
- 03 하우 톨: 이즈 더 쥐**래:**프 인 더 필:드?
- 04 하우 띤 이즈 유어r 페이뻐r?
- 05 하우 **헤비** 이즈 더 **엘리펀**트 앹 더 주:?

- 슈:즈
- 픽춰r
- 아이**디:**어
- 클린:
- 웨일
- 마우쓰
- 호울
- 쥐**라:**프
- 띤
- 페이뻐r
- 헤비
- 엘리펀트

이미지 상상후 영어 **말하기**

패턴 037 누구의 사탕 ~ ?

01 이것은 누구의 사탕인가요?
02 저것은 누구의 시계인가요?
03 이것은 누구의 신발인가요?
04 저것들은 누구의 사진들인가요?
05 방을 청소하는 것은 누구의 생각이었나요?

패턴 038 얼마나 큰 ~ ?

01 바다에 있는 고래는 얼마나 크나요?
02 구멍에 있는 쥐는 얼마나 작나요?
03 들판의 기린은 얼마나 크나요?
04 당신의 종이는 얼마나 얇나요?
05 동물원에 있는 코끼리는 얼마나 무겁나요?

- 신발
- 사진
- 생각
- 청소하다
- 고래
- 쥐
- 구멍
- 기린
- 얇은
- 종이
- 무거운
- 코끼리

패턴 039 노래처럼 한글영어 읽기

하우 매니 ~ ?

01 하우 매니 토이 카:r즈 아r 데어r?
02 하우 매니 **스튜:**든츠 두 유 티:취?
03 하우 매니 박:씨즈 두 유 해브?
04 하우 매니 **피:**쁠 아r 웨이링 퍼r 더 버쓰?
05 하우 매니 **애**쁠즈 딛 유 잍: 투데이?

패턴 040

하우 머취 ~ ?

01 하우 머취 이즈 잍?
02 하우 머취 이즈 디쓰 와:취?
03 하우 머취 아r 디:즈 슈:즈?
04 하우 머취 이즈 어 박:쓰 어브 애쁠즈?
05 하우 머취 아r 도우즈 글래씨즈?

- 토이 카:r
- 스튜:든트
- 티:취
- 박:쓰
- 피:쁠
- 이:트
- 와:취
- 디:즈
- 슈:즈
- 애쁠
- 도우즈
- 글래씨즈

이미지 상상후 영어 **말하기**

얼마나 많은 ~ ?

- 01 얼마나 많은 장난감 차가 있나요?
- 02 얼마나 많은 학생을 가르치시나요?
- 03 얼마나 많은 상자를 가지고 있나요?
- 04 얼마나 많은 사람이 버스를 기다리고 있나요?
- 05 얼마나 많은 사과를 오늘 먹었나요?

얼마인가요 ~ ?

- 01 그것은 얼마인가요?
- 02 이 시계는 얼마인가요?
- 03 이 신발은 얼마인가요?
- 04 사과 한 상자는 얼마인가요?
- 05 저 안경은 얼마인가요?

• 장난감 차	• 학생	• 가르치다	• 상자
• 사람들	• 먹다	• 시계	• 이것들
• 신발	• 사과	• 저것들	• 안경

노래처럼 한글영어 읽기

패턴 041 월 어바웉 / 하우 어바웉 ~ ?

01 하우 어바웉 어 컵 오브 **커**:피?
02 월 어바웉 애스낑 더 **티**:춰r?
03 하우 어바웉 이프 아이 밑: 유 다운**타**운?
04 하우 어바웉 유?
05 월 어바웉 어**라**운(드) 파이브?

패턴 042 아이 하r들리 에버r / 아이 네버r ~

01 하이 하r들리 **에버**r 잍: **브렉퍼**스트 디:즈 데이즈.
02 히 네버r 스낖쓰 어 클래쓰.
03 허r **베**이비 하r들리 **에버**r 크**라**이즈.
04 쉬 핻 네버r 플레이드 골:프 위드 힘.
05 위 하r들리 **에버**r 와:취 티**비**: 와일 **스**터딩.

- 애스크
- 티:춰r
- 미:트
- 다운**타**운
- 어**라**운드
- **브렉퍼**스트
- 디:즈 데이즈
- 스킾
- 클래쓰
- 크**라**이
- 와일
- **스**터디

 *이미지 상상후 영어* **말하기**

~은 어때요? / ~은 어때요?

01. 커피 한 잔은 어때요?
02. 선생님께 여쭤보는 것은 어때요?
03. 시내에서 만나는 것은 어때요?
04. 당신은 어떤가요?
05. 5시쯤에는 어때요?

나는 거의 ~ 안 한다 / 나는 절대 ~ 안 한다

01. 나는 요즘 아침을 거의 먹지 않는다.
02. 그는 절대 수업을 빼먹지 않는다.
03. 그녀의 아기는 거의 울지 않는다.
04. 그녀는 그와 골프를 친 적이 절대 없었다.
05. 우리는 공부하는 동안 TV를 거의 안 본다.

• 묻다	• 선생님	• 만나다	• 시내
• 대략	• 아침식사	• 요즘	• 건너뛰다
• 수업	• 울다	• ~동안	• 공부하다

패턴 043

노래처럼 한글영어 **읽기**

윌 유 ~ ? / 우 쥬 ~ ?

- 01 윌 유 씰 다운?
- 02 윌 유 고우 **쨔ː**뼁 위드 미?
- 03 우 쥬 렡 미 어ː프 히어r?
- 04 윌 유 플리ː즈 웨잍 퍼r 미?
- 05 우 쥬 텔 미 어바웉 유어r쎌프?

패턴 044

잍 머스트 비 ~

- 01 잍 머스(트) 비 **리ː**얼리 코울드.
- 02 히 머스(트) 비 텐 이어r즈 오울드.
- 03 줴인 머스(트) 비 **크**레이지 투 두 써취 어 띵.
- 04 데이 머스(트) 비 베리 나이쓰 멘.
- 05 쉬 머스(트) 비 **해**삐 투 히어r 댙.

- 씰 다운
- **쨔ː**뼁
- 렡 어ːː프
- 웨잍 포ːr
- 유어r쎌프
- 코울드
- 크레이지
- 써취
- 나이쓰
- 멘
- 해삐
- 히어r

74 영어회화 후 알파벳 패턴영어

~ 해주실래요? / ~ 해주시겠습니까?

- 01 앉아주실래요?
- 02 저와 쇼핑하러 가실래요?
- 03 여기서 저를 내려 주시겠습니까?
- 04 저를 기다려 주실래요?
- 05 당신에 대해서 말해 주시겠습니까?

~ 임에 틀림이 없다.

- 01 정말 추운 것에 틀림이 없다.
- 02 그는 10살임에 틀림이 없다.
- 03 제인이 그런 짓을 하다니 미친 것이 틀림이 없다.
- 04 그들은 매우 좋은 사람임에 틀림이 없다.
- 05 그녀는 그것을 들으면 틀림없이 기뻐할 것이다.

• 앉다	• 쇼핑	• 내려주다	• ~을 기다리다
• 너 자신	• 추운	• 미친	• 그러한
• 좋은	• 남자들	• 행복한	• 듣다

노래처럼 한글영어 읽기

패턴 045 데어r즈 노우 웨이 ~

01 데어r즈 노우 웨이 쉬 캔 윈 더 게임.
02 데어r즈 노우 웨이 아일 패쓰 더 이그**잼**.
03 데어r즈 노우 웨이 히 캔 두 댙 워:r크 얼**로**운.
04 데어r즈 노우 웨이 댙 위 톡트 어바웉 잍.
05 데어r즈 노우 웨이 댙 아이 캔 땡 큐.

패턴 046 유 슏 해브 빈 ~

01 유 슏 해브 빈 모어r 케어r플!
02 쉬 슏 해브 톡:(트) 투 미 퍼:r스트.
03 위 슏 해브 **스**떠딛 하:r더r.
04 데이 슏 해브 던 디쓰 예스터r데이.
05 아이 슏 해브 건 투 베드 **어**얼:r리.

- 윈
- 게임
- 패쓰
- 이그**잼**
- 얼**로**운
- 땡크
- 케어r플
- 스떠디
- 하:r드
- 예스터r데이
- 고우 투 베드
- **어**얼:r리

이미지 상상후 영어 **말하기**

 **패턴 045** ~ 할 리가 없다.

01 그녀가 시합을 우승할 수 있을 리가 없다.
02 내가 시험에 통과할 리가 없다.
03 그가 혼자서 그 일을 할수 있을 리가 없다.
04 우리가 그것에 대해 말했을 리가 없다.
05 내가 너에게 어떻게 감사할 수 있을지 모르겠다.

 **패턴 046** 너는 ~ 했어야만 했다.

01 너는 좀 더 조심했어야만 했다.
02 그녀는 먼저 나에게 말을 했어야만 했다.
03 우리는 공부를 더 열심히 했어야만 했다.
04 그들은 어제 이것을 했어야만 했다.
05 나는 일찍 잤어야만 했다.

- 이기다
- 시합
- 통과하다
- 시험
- 혼자
- 감사하다
- 주의깊은
- 공부하다
- 열심히
- 어제
- 잠자러 가다
- 일찍

 노래처럼 한글영어 **읽기**

아임 **타**이어r드 어브 ~

01 아임 **타**이어r드 어브 토:킹 투 유.
02 쉬 워즈 **타**이어r드 어브 허r 헤어r 스타일.
03 위 아r **타**이어r드 어브 디쓰 워:r크 나우.
04 데이 아r **타**이어r드 어브 웨이링 인 라인.
05 히 이즈 **타**이어r드 어브 히즈 오울드 카:r.

마이 **페**이버맅 푸:드 ~

01 마이 **페**이버맅 푸:드 이즈 **킴**취.
02 허r **페**이버맅 푸:드 이즈 **피**:자.
03 아워r **페**이버맅 푸:드 이즈 **취**킨.
04 히즈 **페**이버맅 푸:드 이(즈) **수**:쉬.
05 데어r **페**이버맅 푸:즈 아r 킴밥 앤(드) 불고기.

- **타**이어r드
- **토**:크
- 헤어r 스타일
- 워:r크
- 라인
- 오울드
- **페**이버맅
- **킴**취
- **취**킨
- **수**:쉬
- 킴밥
- 불고기

78 영어회화 후 알파벳 패턴영어

패턴 047  나는 ~ 에 싫증이 난다.

01 나는 너와 얘기하는 것에 싫증이 난다.
02 그녀는 머리 스타일에 싫증이 났었다.
03 우리는 이제 이 일에 싫증이 났다.
04 그들은 줄 서서 기다리는 데 싫증이 났다.
05 그는 낡은 차에 싫증이 났다.

패턴 048  내가 가장 좋아하는 음식은 ~

01 내가 가장 좋아하는 음식은 김치입니다.
02 그녀가 가장 좋아하는 음식은 피자다.
03 우리가 가장 좋아하는 음식은 통닭이다.
04 그가 가장 좋아하는 음식은 초밥이다.
05 그들이 가장 좋아하는 음식은 김밥과 불고기다.

- 싫증난
- 말하다
- 헤어 스타일
- 일
- 줄
- 낡은
- 가장 좋아하는
- 김치
- 통닭
- 초밥
- 김밥
- 불고기

리뷰 1 — 발음힌트를 보고 영어문장 말하기

- 01 후즈 캔디 ~
- 02 후즈 와:취 ~
- 03 후즈 슈:즈 ~
- 04 후즈 픽춰r즈 ~
- 05 후즈 아이디:어 ~
- 06 하우 빅 이즈 ~
- 07 하우 스몰: 이즈 ~
- 08 하우 톨: 이즈 ~
- 09 하우 띤 이즈 ~
- 10 하우 헤비 이즈 ~
- 11 하우 매니 토이 ~
- 12 하우 매니 스튜:든츠 ~
- 13 하우 매니 박:씨즈 ~
- 14 하우 매니 피:쁠 ~
- 15 하우 매니 애쁠즈 ~
- 16 하우 머취 이즈 ~
- 17 하우 머취 이즈 ~
- 18 하우 머취 아r ~
- 19 하우 머취 이즈 ~
- 20 하우 머취 아r ~
- 21 하우 어바웉 ~
- 22 웥 어바웉 애스낑 ~
- 23 하우 어바웉 이프 ~
- 24 하우 어바웉 ~
- 25 웥 어바웉 ~
- 26 하이 하r들리 에버r ~
- 27 히 네버r 스낖쓰 ~
- 28 허r 베이비 하r들리 ~
- 29 쉬 햅 네버r ~
- 30 위 하r들리 에버r ~

리뷰 2 발음힌트를 보고 영어문장 **말하기**

31 윌 유 ~

32 윌 유 고우 ~

33 우 쥬 렡 미 ~

34 윌 유 플리:즈 ~

35 우 쥬 텔 미 ~

36 잍 머스(트) 비 ~

37 히 머스(트) 비 ~

38 줴인 머스(트) 비 ~

39 데이 머스(트) 비 ~

40 쉬 머스(트) 비 ~

41 데어r즈 노우 웨이 쉬 ~

42 데어r즈 노우 웨이 아일 ~

43 데어r즈 노우 웨이 히 ~

44 데어r즈 노우 웨이 댈 위 ~

45 데어r즈 노우 웨이 댈 ~

46 유 슏 해브 빈 ~

47 쉬 슏 해브 톡:(트) ~

48 위 슏 해브 스떠딛 ~

49 데이 슏 해브 던 ~

50 아이 슏 해브 건 ~

51 아임 **타**이어r드 어브 ~

52 쉬 워즈 **타**이어r드 어브 ~

53 위 아r **타**이어r드 어브 ~

54 데이 아r **타**이어r드 어브 ~

55 히 이즈 **타**이어r드 어브 ~

56 마이 페이버맅 푸:드 ~

57 허r **페**이버맅 푸:드 ~

58 아워r 페이버맅 푸:드 ~

59 히즈 **페**이버맅 푸:드 ~

60 데어r 페이버맅 푸:즈 ~

리뷰 3 의미힌트를 보고 영어문장 **말하기**

- 01 이것은 누구의 ~
- 02 저것은 누구의 ~
- 03 이것은 누구의 ~
- 04 저것들은 누구의 ~
- 05 방을 청소하는 것은 ~
- 06 바다에 있는 ~
- 07 구멍에 있는 ~
- 08 들판의 기린은 ~
- 09 당신의 종이는 ~
- 10 동물원에 있는 ~
- 11 얼마나 많은 장난감 차가 ~
- 12 얼마나 많은 학생을 ~
- 13 얼마나 많은 상자를 ~
- 14 얼마나 많은 사람이 ~
- 15 얼마나 많은 사과를 ~
- 16 그것은 ~
- 17 이 시계는 ~
- 18 이 신발은 ~
- 19 사과 한 상자는 ~
- 20 저 안경은 ~
- 21 커피 한 잔은 ~
- 22 선생님께 여쭤보는 ~
- 23 시내에서 만나는 ~
- 24 당신은 ~
- 25 5시쯤에는 ~
- 26 나는 요즘 아침을 ~
- 27 그는 절대 수업을 ~
- 28 그녀의 아기는 ~
- 29 그녀는 그와 골프를 ~
- 30 우리는 공부하는 동안 ~

리뷰 4 의미힌트를 보고 영어문장 말하기

31	앉아주실래요? ~
32	저와 쇼핑하러 ~
33	여기서 저를 ~
34	저를 기다려 ~
35	당신에 대해서 ~
36	정말 추운 것에 ~
37	그는 10살임에 ~
38	제인이 그런 짓을 ~
39	그들은 매우 좋은 ~
40	그녀는 그것을 들으면 ~
41	그녀가 시합을 ~
42	내가 시험에 ~
43	그가 혼자서 그 일을 ~
44	우리가 그것에 ~
45	내가 너에게 어떻게 ~
46	너는 좀 더 ~
47	그녀는 먼저 나에게 ~
48	우리는 공부를 더 ~
49	그들은 어제 이것을 ~
50	나는 일찍 ~
51	나는 너와 ~
52	그녀는 머리 스타일에 ~
53	우리는 이제 이 일에 ~
54	그들은 줄 서서 ~
55	그는 낡은 차에 ~
56	내가 가장 좋아하는 ~
57	그녀가 가장 좋아하는 ~
58	우리가 가장 좋아하는 ~
59	그가 가장 좋아하는 ~
60	그들이 가장 좋아하는 ~

여러분을 응원합니다!

**한글영어학습에 대해서 궁금한 점이 있다면
한글영어 공식카페로 질문해주세요.**

https://cafe.naver.com/korchinese

모든 질문에 성심껏
답변을 드리도록 하겠습니다.

패턴 049 ~ 패턴 060

- (049) 아이 위쉬 ~
- (050) 올: 아이 원:트 ~
- (051) 아임 **쏘:**리 투 ~
- (052) 아이 도운(트) 케어r ~
- (053) 인 스프링 / 인 **써**머r / 인 폴: / 인 윈터r
- (054) 메익 슈어r ~
- (055) 아이 워즈 레읻 퍼r ~
- (056) 아임 고잉 투 ~
- (057) 아임 **워:**리드 ~
- (058) 인 더 **모:**r닝 / 인 디 애프터r**눈:** / 인 디 **이:**브닝
- (059) 아이 도운(트) 필: 라익 ~
- (060) 아임 윌링 투 ~

"한글발음을 읽을 때,
영어소리를 온몸으로 느낀다고 생각하며 읽는다"

ㅍ, ㄹ, ㅂ 는 각각 f, r, v 발음 표시
진한 발음은 강세 표시

노래처럼 한글영어 읽기
패턴 049 아이 위쉬 ~

01 아이 위쉬 아이 해드 어 **멍키**.
02 **아이 위쉬 쉬 워r 얼라이브**.
03 아이 위쉬 데이 핻 컴 투 더 **파:r디**.
04 **아이 위쉬 유 핻 쎈(트) 미 어 레러r**.
05 아이 위쉬 히 워즈 히어r 나우.

패턴 050 올: 아이 원:트 ~

01 올: 아이 원:트 이즈 어 쎌 포운.
02 올: 쉬 원:츠 이즈 앤 **인추레스팅 북**.
03 올: 마이 프렌드 원:틷 워즈 어 **스크워:럴**.
04 올: 위 원:트 이즈 피:쓰.
05 올: 데이 원:틷 워즈 어 하이 **쌜러리**.

• 멍키   • 얼라이브   • 컴   • 쎈드
• 레러r   • 히어r   • 쎌 포운   • 인추레스팅
• 스크워:럴   • 피:쓰   • 하이   • 쌜러리

 *이미지 상상후 영어 말하기*

049 나는 ~ 바란다.

01 나는 원숭이가 있었으면 좋았겠다.
02 나는 그녀가 살아있었으면 좋았겠다.
03 나는 그들이 파티에 왔으면 좋았겠다.
04 네가 나에게 편지를 보냈더라면 좋았겠다.
05 나는 그가 지금 여기에 있었으면 좋았겠다.

050  내가 진짜 원하는 것은 ~ 이다.

01 내가 진짜 원하는 것은 휴대 전화이다.
02 그녀가 진짜 원하는 것은 재미있는 책이다.
03 내 친구가 진짜 원했던 것은 다람쥐이었다.
04 우리가 진짜 원하는 것은 평화이다.
05 그들이 진짜 원했던 것은 높은 월급이었다.

• 원숭이	• 살아있는	• 오다	• 보내다
• 편지	• 여기	• 핸드폰	• 흥미로운
• 다람쥐	• 평화	• 높은	• 월급

패턴 051

노래처럼 한글영어 읽기

아임 **쏘:리** 투 ~

01 아임 **리:**얼리 **쏘:리** 투 히어r 댙.
02 쉬 이즈 **쏘:리** 투 **킾:** 유 웨이링.
03 히 워즈 **쏘:리** 투 디써**포**인트 허r.
04 위 아r **쏘:리** 투 텔 유 디쓰.
05 아임 **쏘:리** 투 **바:**더r 유 앹 호움.

패턴 052

아이 도운(트) 케어r ~

01 아이 도운(트) 케어r 어바웉 댙.
02 히 더즌(트) 케어r 윌 **아**더r **피:**쁠 쎄이.
03 위 도운(트) 케어r 후 윈즈.
04 데이 도운(트) 케어r **웨**더r 아이 리브 오r어 다이.
05 쉬 디든(트) 케어r 어바웉 허r 클로우즈.

- **리:**얼리
- 히어r
- **킾:**
- 웨이트
- 디써포인트
- **바:**더r
- **피:**쁠
- 윌
- 웨더r
- 리브
- 다이
- 클로우즈

이미지 상상후 영어 **말하기**

패턴 051  나는 ~ 해서 미안하다.

01 나는 그 소식을 듣게 돼서 정말 유감이다.
02 그녀는 너를 기다리게 해서 미안해한다.
03 그는 그녀를 실망하게 한 것에 대해서 미안했다.
04 우리는 너에게 이 말을 하게 돼서 미안하다.
05 나는 집에 있는 너를 방해해서 해서 미안하다.

패턴 052  나는 ~ 을 신경 안 쓴다.

01 나는 그것을 신경 안 쓴다.
02 그는 다른 사람이 말하는 것에 신경 안 쓴다.
03 우리는 누가 이기든 신경 안 쓴다.
04 그들은 내가 살든지 죽든지 신경 안 쓴다.
05 그녀는 옷에 신경 쓰지 않았다.

- 정말로
- 듣다
- 계속하다
- 기다리다
- 실망시키다
- 방해하다
- 사람들
- 이기다
- ~인지 아닌지
- 살다
- 죽다
- 옷

패턴 053

노래처럼 한글영어 **읽기**

인 스프링 / 인 **써**머r / 인 폴: / 인 윈터r

01 매니 **플**라워r즈 블룸: 인 스프링.
02 위 주링(크) 코울드 주:쓰 인 **써**머r.
03 리:브즈 폴: 프럼 더 추리:즈 인 폴:.
04 위 메일 **스**노우맨 인 윈터r.
05 **피**:쁠 리:드 북쓰 인 **오**:텀.

패턴 054

메일 슈어r ~

01 메일 슈어r 댈 히 언더r스**뚠** 미.
02 메일 슈어r 투 브링 유어r **씨**스터r.
03 메일 슈어r 투 리**턴**: 더 북쓰 온 타임.
04 메일 슈어r 투 테일 유어r **메**디쓴.
05 메일 슈어r 댈 유 주링크 라츠 어브 **워**:러r.

- **플**라워r
- 블룸:
- 주링크
- 폴:
- 스노우맨
- **오**:텀
- 언더r스땐드
- 브링
- 리**턴**:
- 온 타임
- 메디쓴
- 라츠 어브

이미지 상상후 영어 **말하기**

봄에 / 여름에 / 가을에 / 겨울에

- 01 봄에는 많은 꽃이 핀다.
- 02 여름에 우리는 차가운 주스를 마신다.
- 03 가을에 나뭇잎이 나무에서 떨어진다.
- 04 겨울에 우리는 눈사람을 만든다.
- 05 가을에 사람들은 책을 읽는다.

반드시 ~ 해라

- 01 반드시 그가 나를 이해했는지 확인해라.
- 02 반드시 네 여동생을 데려와라.
- 03 반드시 제때에 책을 반납하도록 해라.
- 04 반드시 약을 먹도록 해라.
- 05 반드시 물을 많이 마시도록 해라.

- 꽃
- 꽃이 피다
- 마시다
- 떨어지다
- 눈사람
- 가을
- 이해하다
- 데려오다
- 돌려주다
- 제시간에
- 약
- 많은

노래처럼 한글영어 읽기
아이 워즈 레잍 퍼r ~

01 아이 워즈 레잍 퍼r 스쿨: 디쓰 **모**:r닝.
02 쉬 워즈 레잍 퍼r 워r:크 **예**스터r데이.
03 위 워r 레잍 퍼r 더 **미**:링.
04 더 브라이드 워즈 레잍 투 허r 웨딩.
05 데이 워r 레잍 퍼r 더 어**포**인(트)멘트.

아임 고잉 투 ~

01 아임 고잉 투 **스**떠디 **매**쓰 인 디 애프터r**눈**:.
02 쉬 워즈 고잉 투 **리**쓴 투 **뮤**:직.
03 위 아r 낟 고잉 투 **비**짙 더 뮤**지**:엄.
04 마이 프렌드 이즈 낟 고잉 투 잍: 런취.
05 데이 아r 고잉 투 **추**래블 어**라**운드.

- 디쓰 **모**:r닝
- 워:r크
- **예**스터r데이
- **미**:링
- 웨딩
- 어**포**인(트)멘트
- 매쓰
- 애프터r눈:
- **비**짙
- **써**머r
- 런취
- **추**래블

이미지 상상후 영어 **말하기**

나는 ~ 에 늦었다.

01 나는 오늘 아침에 학교에 늦었다.
02 그녀는 어제 직장에 늦었다.
03 우리는 회의에 늦었다.
04 신부는 그녀의 결혼식에 늦었다.
05 그들은 약속에 늦었다.

나는 ~ 하려고 한다.

01 나는 오후에 수학을 공부하려고 한다.
02 그녀는 음악을 들으려고 했다.
03 우리는 박물관을 방문하지 않으려고 한다.
04 내 친구는 점심을 먹지 않으려고 한다.
05 그들은 여기저기 여행하려고 한다.

- 오늘 아침
- 직장
- 어제
- 모임
- 결혼식
- 약속
- 수학
- 오후
- 방문하다
- 박물관
- 점심
- 여행하다

93

 **패턴 057** 노래처럼 한글영어 읽기

아임 워:리드 ~

01 아임 **워:**린 어바웉 마이 **칸:**써r트.
02 쉬 이즈 **워:**린 어바웉 허r **파**이늘 이그**잼**.
03 위 워r **워:**린 어바웉 유.
04 데이 아r **워:**린 어바웉 데어r **퓨:**춰r즈.
05 히 워즈 **워:**린 어바웉 히즈 **페**어런츠.

 **패턴 058**

인 더 **모**r닝 / 인 디 애프터r**눈:**/ 인 디 **이:**브닝

01 더 썬 라이지즈 인 디 **이:**스트 앹 돈:.
02 히 **이:**츠 **브렠**퍼스트 인 더 **모:**r닝.
03 데이 플레이 **베**이쓰볼: 인 디 애프터r**눈:**.
04 쉬 더즈 허r **호**움워:r크 인 디 **이:**브닝.
05 위 슬맆: 인 아워r 베드 앹 나잍.

- **칸:**써r트
- **파**이늘 이그**잼**
- 어바웉
- **퓨:**춰r
- **페**어런츠
- **이:**스트
- 돈:
- **브렠**퍼스트
- **베**이쓰볼:
- **호**움워:r크
- 슬맆:
- 나잍

이미지 상상후 영어 **말하기**

 나는 ~ 걱정된다.

01 나는 내 연주회가 걱정된다.
02 그녀는 기말고사가 걱정된다.
03 우리는 네가 걱정되었다.
04 그들은 미래에 대해 걱정한다.
05 그는 부모님을 걱정했다.

 아침에 / 오후에 / 저녁에

01 해가 새벽에 동쪽에서 뜬다
02 그는 아침에 아침을 먹는다.
03 그들은 오후에 야구를 한다.
04 그녀는 저녁에 숙제를 한다.
05 우리는 밤에 침대에서 잔다.

• 연주회	• 기말고사	• ~관하여	• 미래
• 부모님	• 동쪽	• 새벽	• 아침식사
• 야구	• 숙제	• 잠자다	• 밤

노래처럼 한글영어 **읽기**

059 아이 도운(트) 필: 라익 ~

01 아이 도운(트) 필: 라익 해빙 런취.
02 쉬 더즌(트) 필: 라익 스삐:낑 에니모어r.
03 히 디든(트) 필: 라익 고잉 아웉 래스(트) 나잍.
04 위 도운(트) 필: 라익 워:r낑 투데이.
05 아이 도운(트) 필: 라익 아:r규잉 위드 유.

060 아임 윌링 투 ~

01 아임 **윌**링 투 페이 더 **머**니.
02 데이 아r **윌**링 투 헬프 미.
03 히 이즈 **윌**링 투 **앤**써r 유어r **크**웨스쳔.
04 위 아r 낱 **윌**링 투 풀 엎 위드 노이즈.
05 아임 **윌**링 투 두 **에**니띵 퍼r 유.

- 해브
- 스삐:크
- 에니모어r
- 래스(트) 나잍
- 투데이
- 아:r규:
- 페이
- 앤써r
- 크웨스쳔
- 풀 엎 위드
- 노이즈
- 에니띵

이미지 상상후 영어 **말하기**

나는 ~ 하고 싶지 않다.

01 나는 점심을 먹고 싶지 않다.
02 그녀는 더 이상 말하고 싶지 않다.
03 그는 어젯밤에 외출하고 싶지 않았다.
04 우리는 오늘 일하고 싶지 않다.
05 나는 너와 논쟁하고 싶지 않다.

나는 기꺼이 ~ 할 것이다.

01 나는 기꺼이 돈을 지불할 것이다.
02 그들은 기꺼이 나를 도울 것이다.
03 그는 기꺼이 너의 질문에 답할 것이다.
04 우리는 소음을 기꺼이 참지 않을 것이다.
05 나는 너를 위해서 기꺼이 무엇이든 할 것이다.

• 먹다	• 말하다	• 더 이상	• 지난 밤
• 오늘	• 논쟁하다	• 지불하다	• 대답하다
• 질문	• 참다	• 소음	• 무엇이든

리뷰 1 발음힌트를 보고 영어문장 말하기

- 01 아이 위쉬 아이 ~
- 02 아이 위쉬 쉬 ~
- 03 아이 위쉬 데이 ~
- 04 아이 위쉬 유 ~
- 05 아이 위쉬 히 ~
- 06 올: 아이 원:트 ~
- 07 올: 쉬 원:츠 ~
- 08 올: 마이 프렌드 원:틷 ~
- 09 올: 위 원:트 ~
- 10 올: 데이 원:틷 ~
- 11 아임 **리**:얼리 **쏘**:리 투 ~
- 12 쉬 이즈 **쏘**:리 투 ~
- 13 히 워즈 **쏘**:리 투 ~
- 14 위 아r **쏘**:리 투 ~
- 15 아임 **쏘**:리 투 ~
- 16 아이 도운(트) 케어r ~
- 17 히 더즌(트) 케어r ~
- 18 위 도운(트) 케어r ~
- 19 데이 도운(트) 케어r ~
- 20 쉬 디든(트) 케어r ~
- 21 매니 **플**라워r즈 ~
- 22 위 주링(크) ~
- 23 리:브즈 폴: ~
- 24 위 메익 스노우멘 ~
- 25 **피**:쁠 리:드 ~
- 26 메익 슈어r 댇 히 ~
- 27 메익 슈어r 투 ~
- 28 메익 슈어r 투 ~
- 29 메익 슈어r 투 ~
- 30 메익 슈어r 댇 ~

리뷰 2 발음힌트를 보고 영어문장 **말하기**

31 아이 워즈 레잍 퍼r ~
32 쉬 워즈 레잍 퍼r ~
33 위 워r 레잍 퍼r ~
34 더 브라이드 워즈 레잍 투 ~
35 데이 워r 레잍 퍼r ~
36 아임 고잉 투 스떠디 ~
37 쉬 워즈 고잉 투 **리**쓴 ~
38 위 아r 낱 고잉 투 ~
39 마이 프렌드 이즈 낱 ~
40 데이 아r 고잉 투 ~
41 아임 **워:**린 어바웉 ~
42 쉬 이즈 **워:**린 어바웉 ~
43 위 워r **워:**린 ~
44 데이 아r **워:**린 어바웉 ~
45 히 워즈 **워:**린 어바웉 ~

46 더 썬 라이지즈 ~
47 히 이:츠 **브**렉퍼스트 ~
48 데이 플레이 베이쓰볼: ~
49 쉬 더즈 허r ~
50 위 슬맆: ~
51 아이 도운(트) 필: 라잌 ~
52 쉬 더즌(트) 필: 라잌 ~
53 히 디든(트) 필: 라잌 ~
54 위 도운(트) 필: 라잌 ~
55 아이 도운(트) 필: 라잌 ~
56 아임 윌링 투 ~
57 데이 아r **윌**링 투 ~
58 히 이즈 윌링 투 ~
59 위 아r 낱 **윌**링 투 ~
60 아임 윌링 투 ~

리뷰 3 의미힌트를 보고 영어문장 말하기

- 01 나는 원숭이가 ~
- 02 나는 그녀가 ~
- 03 나는 그들이 ~
- 04 네가 나에게 편지를 ~
- 05 나는 그가 지금 여기에 ~
- 06 내가 진짜 원하는 것은 ~
- 07 그녀가 진짜 원하는 것은 ~
- 08 내 친구가 진짜 원했던 것은 ~
- 09 우리가 진짜 원하는 것은 ~
- 10 그들이 진짜 원했던 것은 ~
- 11 나는 그 소식을 ~
- 12 그녀는 너를 기다리게 ~
- 13 그는 그녀를 실망하게 ~
- 14 우리는 너에게 이 말을 ~
- 15 나는 집에 있는 너를 ~
- 16 나는 그것을 ~
- 17 그는 다른 사람이 ~
- 18 우리는 누가 이기든 ~
- 19 그들은 내가 살든지 ~
- 20 그녀는 옷에 ~
- 21 봄에는 많은 ~
- 22 여름에 우리는 ~
- 23 가을에 나뭇잎이 ~
- 24 겨울에 우리는 ~
- 25 가을에 사람들은 ~
- 26 반드시 그가 나를 ~
- 27 반드시 네 여동생을 ~
- 28 반드시 제때에 ~
- 29 반드시 약을 ~
- 30 반드시 물을 ~

리뷰 4 · 의미힌트를 보고 영어문장 말하기

- 31 나는 오늘 아침에 ~
- 32 그녀는 어제 ~
- 33 우리는 회의에 ~
- 34 신부는 그녀의 ~
- 35 그들은 약속에 ~
- 36 나는 오후에 수학을 ~
- 37 그녀는 음악을 ~
- 38 우리는 박물관을 ~
- 39 내 친구는 점심을 ~
- 40 그들은 여기저기 ~
- 41 나는 내 연주회가 ~
- 42 그녀는 기말고사가 ~
- 43 우리는 네가 ~
- 44 그들은 미래에 ~
- 45 그는 부모님을 ~
- 46 해가 새벽에 ~
- 47 그는 아침에 ~
- 48 그들은 오후에 ~
- 49 그녀는 저녁에 ~
- 50 우리는 밤에 ~
- 51 나는 점심을 ~
- 52 그녀는 더 이상 ~
- 53 그는 어젯밤에 ~
- 54 우리는 오늘 ~
- 55 나는 너와 ~
- 56 나는 기꺼이 ~
- 57 그들은 기꺼이 ~
- 58 그는 기꺼이 너의 ~
- 59 우리는 소음을 ~
- 60 나는 너를 위해서 ~

여러분을 응원합니다!

**한글영어학습에 대해서 궁금한 점이 있다면
한글영어 공식카페로 질문해주세요.**

https://cafe.naver.com/korchinese

모든 질문에 성심껏
답변을 드리도록 하겠습니다.

패턴 061 ~ 패턴 072

- **061** 월 ~!
- **062** 하우 ~!
- **063** 아이드 라익 투 ~
- **064** 아임 어프레이드 (댙) ~
- **065** 두 유 노우~?
- **066** 아임 줘스(트) 추라잉 ~
- **067** 아이 퍼r갵 투 ~
- **068** 아이 리멤버r ~
- **069** 아임 인추레스티드 인 ~
- **070** 아임 어바웉 투 ~
- **071** 아임 에이블 투 ~
- **072** 두 유 마인드 ~?

"한글발음을 읽을 때,
영어소리를 온몸으로 느낀다고 생각하며 읽는다"

ㅍ, ㄹ, ㅂ 는 각각 f, r, v 발음 표시
진한 발음은 강세 표시

노래처럼 한글영어 **읽기**

웟 ~ !

01 웟 어 빅 하우쓰!
02 웟 어 톨: 맨 히 이즈!
03 웟 어 스추레인쥐 아이**디**:어 유 해브!
04 웟 어 써r프라이즈!
05 웟 **뷰**:리플 페인팅즈!

하우 ~ !

01 룩 하우 **뷰**:리플 쉬 이즈!
02 룩 하우 패스트 히 런즈!
03 룩 하우 카인드 데이 아r!
04 룩 하우 클린: 히즈 룸: 워즈!
05 룩 하우 큩: 더 **베**이비즈 아r!

- 하우쓰
- 톨:
- 스추레인쥐
- 써r프라이즈
- 뷰:리플
- 페인팅
- 패스트
- 런
- 카인드
- 클린:
- 큩:트
- 베이비

 이미지 상상후 영어 **말하기**

참으로 ~ !

01 참으로 큰 집이다!
02 그는 참으로 키가 크다!
03 너는 참으로 이상한 생각을 가졌다!
04 참으로 놀랍다!
05 참으로 아름다운 그림들이다!

얼마나 ~ !

01 얼마나 그녀가 아름다운지 봐라!
02 얼마나 그가 빨리 달리는지 봐라!
03 얼마나 그들이 친절한지 봐라!
04 얼마나 그의 방이 깨끗했었는지 봐라!
05 얼마나 아기들이 귀여운지 봐라!

- 집
- 키 큰
- 이상한
- 놀람
- 아름다운
- 그림
- 빠른
- 달리다
- 친절한
- 깨끗한
- 귀여운
- 아기

노래처럼 한글영어 읽기
아이드 라일 투 ~

01 아이드 라일 투 애스크 유 썸 **크**웨스쳔즈.
02 아이드 라일 투 **비**짙 유어r **컨**추리.
03 아이드 라일 투 헬프 푸:어r **피**:쁠.
04 아이드 라일 투 인**바**잍 허r 투 더 **파**r:디.
05 아이드 라일 투 바이 어 뉴: 카:r.

아임 어프레이드 (댙) ~

01 아임 어**프**레이드 아워r 팀: 윌 루:즈.
02 아임 어**프**레이드 아이 도운(트) 어**그**리: 위드 유.
03 아임 어**프**레이드 아이 캔낱 헬프 유.
04 아임 어**프**레이드 아이 머슽 쎄이 굳**바**이.
05 아임 어**프**레이드 이츠 고잉 투 레인.

- 애스크
- **크**웨스쳔
- **비**짙
- **컨**추리
- 푸:어r
- 인**바**잍
- 바이
- 루:즈
- 어**그**리:
- 캔낱
- 굳**바**이
- 레인

패턴 063 나는 ~ 하고 싶다.

01 나는 너에게 몇 가지 질문을 하고 싶다.
02 나는 너의 나라를 방문하고 싶다.
03 나는 가난한 사람들을 돕고 싶다.
04 나는 그녀를 파티에 초대하고 싶다.
05 나는 새 차를 사고 싶다.

패턴 064 유감스럽지만 ~

01 유감스럽지만 우리 팀이 질 것 같다.
02 유감스럽지만 나는 너의 의견에 동의하지 않는다.
03 유감스럽지만 나는 너를 도와줄 수 없다.
04 유감스럽지만 나는 작별인사를 해야겠다.
05 유감스럽지만 비가 올 것 같다.

- 묻다
- 질문
- 방문하다
- 나라
- 가난한
- 초대하다
- 사다
- 지다
- 동의하다
- 할 수 없다
- 작별인사
- 비가 오다

패턴 065  노래처럼 한글영어 **읽기**

두 유 노우~ ?

01 두 유 노우 하우 투 주<u>라</u>이브?
02 더(즈) 쉬 노우 웬 클래쓰 스따:r츠?
03 두 유 노우 댈 걸: **오**우버r 데어r?
04 두 데이 노우 웥 타임 잍 이즈?
05 디드 유 노우 웥 **해**쁜드?

패턴 066

아임 쥐스(트) 추라잉 ~

01 아임 쥐스(트) 추라잉 투 어<u>보</u>이드 게링 인 **추**러블.
02 아이 워즈 쥐스(트) 추라잉 투 헬프 유.
03 히 워즈 쥐스(트) 추<u>라</u>잉 투 스께어r 어쓰.
04 위 워r 쥐스(트) 추라잉 투 윈 더 **칸**테스트.
05 데이 워r 쥐스(트) 추<u>라</u>잉 투 쎄이브 데어r 프렌드.

• 주<u>라</u>이브   • 클래쓰   • 스따:r트   • 오우버r 데어r
• 해쁜   • 어<u>보</u>이드   • 추러블   • 스께어r
• 윈   • **칸**테스트   • 쎄이브   • 프렌드

당신은 ~ 을 아나요?

01 당신은 어떻게 운전하는지 아나요?
02 그녀는 언제 수업이 시작되는지 아나요?
03 당신은 저기 있는 저 소녀를 아나요?
04 그들은 지금 몇 시인지 아나요?
05 당신은 무슨 일이 있었는지 알았나요?

나는 단지 ~ 한 것뿐이다.

01 난 단지 곤란에 처하는 걸 피하려는 것뿐이다.
02 난 단지 도와주려고 했던 것뿐이었다.
03 그는 단지 우리를 겁주려고 했던 것뿐이었다.
04 우리는 단지 대회에서 이기려고 했을 뿐이다.
05 그들은 단지 친구를 구하려고 했던 것뿐이었다.

• 운전하다	• 수업	• 시작하다	• 저기에
• 일어나다	• 피하다	• 곤란	• 겁주다
• 이기다	• 대회	• 구하다	• 친구

노래처럼 한글영어 읽기
아이 퍼r갚 투 ~

01   아이 퍼r갚 투 텔 유.
02   히 퍼r갚 투 락: 더 도어r.
03   위 퍼r갚 투 브링 더 북.
04   쉬 퍼r갚 투 두 허r 호움워:r크.
05   데이 퍼r갚 투 바이 워:러r 앤(드) 푸:드.

아이 리멤버r ~

01   아이 리멤버r 유어r 프라:미쓰.
02   아이 리멤버r 웬 유 토울(드) 미.
03   아이 리멤버r 히어링 어바울 잍.
04   아이 리멤버r 쎈딩 유 어 포우슽카:r드.
05   아이 리멤버r 와:칭 댙 무:비 온 티:비:.

- 텔
- 락:
- 브링
- 호움워:r크
- 바이
- 워:러r
- 프라:미쓰
- 히어
- 쎈드
- 포우슽카:r드
- 와:취
- 무:비

 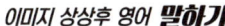

나는 ~ 하는 것을 잊었다.

01 나는 너한테 말하는 것을 잊었다.
02 그는 문 잠그는 것을 잊었다.
03 우리는 책을 가져오는 것을 잊었다.
04 그녀는 숙제하는 것을 잊었다.
05 그들은 물과 음식 사는 것을 잊었다.

나는 ~ 이 기억난다.

01 나는 너의 약속이 기억난다.
02 나는 네가 나에게 말했을 때가 기억난다.
03 나는 그것에 대해 들은 것이 기억난다.
04 나는 너에게 엽서를 보냈던 것이 기억난다.
05 나는 TV에서 그 영화를 본 것이 기억난다.

• 말하다	• 잠그다	• 가져오다	• 숙제
• 사다	• 물	• 약속	• 듣다
• 보내다	• 엽서	• 보다	• 영화

노래처럼 한글영어 읽기

아임 인추레스티드 인 ~

01 아임 **인추레**스티드 인 유어r 플랜.
02 히 워즈 **인추레**스티드 인 댙 **써**브젝트.
03 쉬즈 낱 **인추레**스티드 인 힘 **에**니모어r.
04 아r 유 **인추레**스티드 인 **뮤**:직?
05 데어r **인추레**스티드 인 카:r**툰**:즈.

아임 어바웉 투 ~

01 아임 어바웉 투 텔 유.
02 쉬즈 어바웉 투 **오**우쁜 더 도어r.
03 위 워r 어바웉 투 리**플**라이 투 유.
04 히 워즈 어바웉 투 **엔**터r 히즈 룸:.
05 데이 워r **파**이늘리 어바웉 투 기브 엎.

- 플랜
- 써브젝트
- 에니모어
- 뮤:직
- 카:r툰:
- 텔
- 오우쁜
- 도어r
- 리플라이
- 엔터r
- 파이늘리
- 기브 엎

이미지 상상후 영어 **말하기**

나는 ~ 에 관심이 있다.

- 01 나는 너의 계획에 관심이 있다.
- 02 그는 그 주제에 관심이 있었다.
- 03 그녀는 더 이상 그에게 관심이 없다.
- 04 당신은 음악에 관심이 있나요?
- 05 그들은 만화에 관심이 있다.

나는 막 ~ 하려던 참이다.

- 01 나는 막 너한테 말하려던 참이다.
- 02 그녀는 막 문을 열려던 참이다.
- 03 우리는 너에게 답장하려던 참이었다.
- 04 그는 막 방으로 들어가려던 참이었다.
- 05 그들은 마침내 막 포기하려던 참이었다.

- 계획
- 주제
- 더 이상
- 음악
- 만화
- 말하다
- 열다
- 문
- 대답하다
- 들어가다
- 마침내
- 포기하다

패턴 071

아임 에이블 투 ~

01 아임 **에이블** 투 <u>리:</u>(드) 더 붑쓰 인 **잉**글리쉬.
02 히 워즈 **에**이블 투 주<u>라</u>이브 어 카:r.
03 아r 유 **에**이블 투 고우 투 더 **파:**r디?
04 위 아r **에**이블 투 미:츄 데어r.
05 아임 낱 **에**이블 투 두 댙 바이 마이**쎌**프.

패턴 072

두 유 마인드 ~ ?

01 두 유 마인(드) 이프 아이 스뻭: **프**랭끌리?
02 두 유 마인(드) 이프 아이 **바:**로우 유어r 붘?
03 두 유 마인(드) 웨이링 퍼r 어 와일?
04 두 유 마인(드) 클로우징 더 **윈**도우?
05 두 유 마인(드) 이프 아이 클로우즈 더 도어r?

- 리:드
- 잉글리쉬
- 주라이브
- 미:트
- 데어r
- 바이 마이쎌프
- 스삐:크
- 프랭끌리
- 바:로우
- 퍼r 어 와일
- 윈도우
- 클로우즈

이미지 상상후 영어 **말하기**

071 나는 ~ 을 할 수 있다.

- 01 나는 영어로 된 책을 읽을 수 있다.
- 02 그는 차를 운전할 수 있었다.
- 03 당신은 파티에 참석할 수 있나요?
- 04 우리는 그곳에서 너를 만날 수 있다.
- 05 나는 혼자서 그것을 할 수 없다.

072 ~ 해도 될까요?

- 01 제가 솔직하게 말해도 될까요?
- 02 제가 당신의 책을 빌려도 될까요?
- 03 잠시 좀 기다려 줄 수 있을까요?
- 04 창문 좀 닫아줄 수 있을까요?
- 05 제가 문을 닫아도 될까요?

• 읽다	• 영어	• 운전하다	• 만나다
• 거기에	• 나 혼자서	• 말하다	• 솔직히
• 빌리다	• 잠시 동안	• 창문	• 닫다

리뷰 1 발음힌트를 보고 영어문장 말하기

- 01 윌 어 빅 ~
- 02 윌 어 톨: ~
- 03 윌 어 스추레인쥐 ~
- 04 윌 어 ~
- 05 윌 뷰:리플 ~
- 06 룩 하우 뷰:리플 ~
- 07 룩 하우 패스트 ~
- 08 룩 하우 카인드 ~
- 09 룩 하우 클린: ~
- 10 룩 하우 쿹: ~
- 11 아이드 라잌 투 애스크 ~
- 12 아이드 라잌 투 비짙 ~
- 13 아이드 라잌 투 헬프 ~
- 14 아이드 라잌 투 인바잍 ~
- 15 아이드 라잌 투 바이 ~
- 16 아임 어프레이드 ~
- 17 아임 어**프**레이드 ~
- 18 아임 어프레이드 ~
- 19 아임 어**프**레이드 ~
- 20 아임 어프레이드 ~
- 21 두 유 노우 하우 ~
- 22 더(즈) 쉬 노우 웬 ~
- 23 두 유 노우 댙 ~
- 24 두 데이 노우 윌 ~
- 25 디드 유 노우 윌 ~
- 26 아임 쥬스(트) 추라잉 투 ~
- 27 아이 워즈 쥬스(트) ~
- 28 히 워즈 쥬스(트) 추라잉 ~
- 29 위 워r 쥬스(트) ~
- 30 데이 워r 쥬스(트) 추라잉 ~

리뷰 2 — 발음힌트를 보고 영어문장 말하기

31 아이 퍼r같 투 ~
32 히 퍼r같 투 락: ~
33 위 퍼r같 투 브링 ~
34 쉬 퍼r같 투 두 ~
35 데이 퍼r같 투 바이 ~
36 아이 리멤버r 유어r ~
37 아이 리멤버r 웬 ~
38 아이 리멤버r 히어링 ~
39 아이 리멤버r 쎈딩. ~
40 아이 리멤버r 와:칭 ~
41 아임 인추레스티드 인 ~
42 히 워즈 인추레스티드 인 ~
43 쉬즈 낫 인추레스티드 인 ~
44 아r 유 인추레스티드 인 ~
45 데어r 인추레스티드 인 ~

46 아임 어바웃 투 텔 ~
47 쉬즈 어바웃 투 오우쁜 ~
48 위 워r 어바웃 투 리플라이 ~
49 히 워즈 어바웃 투 엔터r ~
50 데이 워r 파이늘리 어바웃 ~
51 아임 에이블 투 리:(드) ~
52 히 워즈 에이블 투 ~
53 아r 유 에이블 투 고우 ~
54 위 아r 에이블 투 ~
55 아임 낫 에이블 투 두 ~
56 두 유 마인(드) 이프 아이 ~
57 두 유 마인(드) 이프 아이 ~
58 두 유 마인(드) 웨이링 ~
59 두 유 마인(드) 클로우징 ~
60 두 유 마인(드) 이프 아이 ~

리뷰 3 의미힌트를 보고 영어문장 **말하기**

01 참으로 ~
02 그는 참으로 ~
03 너는 참으로 ~
04 참으로 ~
05 참으로 아름다운 ~
06 얼마나 그녀가 ~
07 얼마나 그가 빨리 ~
08 얼마나 그들이 ~
09 얼마나 그의 방이 ~
10 얼마나 아기들이 ~
11 나는 너에게 ~
12 나는 너의 나라를 ~
13 나는 가난한 ~
14 나는 그녀를 ~
15 나는 새 차를 ~
16 유감스럽지만 우리 ~
17 유감스럽지만 나는 ~
18 유감스럽지만 나는 ~
19 유감스럽지만 나는 ~
20 유감스럽지만 비가 ~
21 당신은 어떻게 ~
22 그녀는 언제 수업이 ~
23 당신은 저기 있는 ~
24 그들은 지금 ~
25 당신은 무슨 일이 ~
26 난 단지 곤란에 ~
27 난 단지 도와주려고 ~
28 그는 단지 우리를 ~
29 우리는 단지 대회에서 ~
30 그들은 단지 친구를 ~

리뷰 4 의미힌트를 보고 영어문장 **말하기**

- 31 나는 너한테 ~
- 32 그는 문 잠그는 ~
- 33 우리는 책을 ~
- 34 그녀는 숙제하는 ~
- 35 그들은 물과 음식 ~
- 36 나는 너의 약속이 ~
- 37 나는 네가 나에게 ~
- 38 나는 그것에 대해 ~
- 39 나는 너에게 엽서를 ~
- 40 나는 TV에서 그 영화를 ~
- 41 나는 너의 계획에 ~
- 42 그는 그 주제에 ~
- 43 그녀는 더 이상 ~
- 44 당신은 음악에 ~
- 45 그들은 만화에 ~
- 46 나는 막 너한테 ~
- 47 그녀는 막 문을 ~
- 48 우리는 너에게 ~
- 49 그는 막 방으로 ~
- 50 그들은 마침내 막 ~
- 51 나는 영어로 ~
- 52 그는 차를 ~
- 53 당신은 파티에 ~
- 54 우리는 그곳에서 ~
- 55 나는 혼자서 ~
- 56 제가 솔직하게 ~
- 57 제가 당신의 ~
- 58 잠시 좀 기다려 ~
- 59 창문 좀 닫아줄 ~
- 60 제가 문을 ~

119

여러분을 응원합니다!

한글영어학습에 대해서 궁금한 점이 있다면
한글영어 공식카페로 질문해주세요.

🔍 https://cafe.naver.com/korchinese

모든 질문에 성심껏
답변을 드리도록 하겠습니다.

패턴 073 ~ 패턴 084

- ⓪⑦③ 이츠 타임 투 ~
- ⓪⑦④ 두 ~
- ⓪⑦⑤ 도운트 ~
- ⓪⑦⑥ 비커즈 어브 ~
- ⓪⑦⑦ 아임 굳 앹 ~
- ⓪⑦⑧ 이즈 잍 오우케이 ~?
- ⓪⑦⑨ ~ 이즌(트) 히?
- ⓪⑧⓪ 웥 넘버r ~ ?
- ⓪⑧① 더 모어r ~, 더 모어r ~
- ⓪⑧② 웥 이프 ~ ?
- ⓪⑧③ 잍 씸:즈 라잌 ~
- ⓪⑧④ 투: ~ 투 ~

**"한글발음을 읽을 때,
영어소리를 온몸으로 느낀다고 생각하며 읽는다"**

ㅍ, ㄹ, ㅂ 는 각각 f, r, v 발음 표시
진한 발음은 강세 표시

노래처럼 한글영어 **읽기**

이츠 타임 투 ~

01 이츠 타임 투 두 유어r **호**움워:r크.
02 이츠 타임 투 쎄이 굳**바**이 투 허r.
03 이츠 타임 투 고우 호움 나우.
04 이츠 타임 투 고 투 베드.
05 이츠 타임 투 두 **썸**띵.

두 ~

01 비 **케**어r플 온 더 스떼어r즈.
02 비 크와이엍 인 더 라이브레리.
03 와쉬 유어r 핸즈 비**포**:r 이:링 **피**:자.
04 비 나이쓰 투 유어r 씨스터r.
05 **스**떠디 하:r더r 프럼 나우 온.

- **호**움워:r크
- **굳바**이
- **호**움
- **썸**띵
- **케**어r플
- 스떼어r
- 크와이엍
- 라이브레리
- 비**포**:r
- 씨스떠r
- **스**떠디
- 프럼 나우 온

이미지 상상후 영어 **말하기**
~ 할 시간이다.

01 너의 숙제를 할 시간이다.
02 그녀에게 작별인사할 시간이다.
03 이제 집에 갈 시간이다.
04 잠잘 시간이다.
05 뭔가를 할 시간이다.

~ 를 해라.

01 계단에서 조심해라
02 도서관 내에서는 조용히 해라.
03 피자를 먹기 전에 손을 씻어라.
04 너의 여동생에게 잘 해라.
05 이제부터 더 열심히 공부해라.

- 숙제
- 작별인사
- 집
- 무언가
- 주의깊은
- 계단
- 조용한
- 도서관
- ~전에
- 여동생
- 공부하다
- 지금부터

노래처럼 한글영어 읽기
도운트 ~

01 도운(트) 비 레잍 퍼r 클래쓰.
02 도운(트) 비 디써포이틷 위드 더 리절트.
03 도운(트) 메잌 노이즈 인 더 클래쓰룸:.
04 도운(트) 빌리:브 에브리띵 댙 히 쎄즈.
05 도운(트) 퍼r겥 투 라잍 더 레러r.

비커즈 어브 ~

01 아이 워즈 레잍 비커즈 어브 추래픽 쥄.
02 히 워즈 앱쓴트 비커즈 어브 더 플루:.
03 데이 미쓰(트) 더 추레인 비커즈 어브 미.
04 위 스떼이드 호움 비커즈 어브 더 췰드런.
05 잍 이즈 비커즈 어브 마이 브라더r, 민수.

- 클래쓰
- 디써포이틷
- 리절트
- 클래쓰룸:
- 빌리:브
- 에브리띵
- 퍼r겥
- 추래픽 쥄
- 플루:
- 미쓰
- 스떼이
- 췰드런

이미지 상상후 영어 **말하기**

 **075** ~ 를 하지 마라.

01 수업에 늦지 마라.
02 결과에 실망하지 마라.
03 교실 안에서 소란피우지 말아라.
04 그가 말하는 모든 것을 믿지 마라.
05 편지 쓰는 것을 잊지 마라.

 **076** ~ 때문에

01 나는 교통 체증 때문에 늦었다.
02 그는 독감 때문에 결석했다.
03 그들은 나 때문에 기차를 놓쳤다.
04 우리는 아이들 때문에 집에 머물렀다.
05 그것은 내 동생 민수때문이다.

- 수업
- 실망한
- 결과
- 교실
- 믿다
- 모든 것
- 잊다
- 교통체증
- 독감
- 놓치다
- 머물다
- 아이들

패턴 077 아임 굳 앹 ~

01 아임 굳 앹 플레잉 더 피**애**노우.
02 아임 낱 굳 앹 스삐:킹 **잉**글리쉬.
03 히 워즈 **베리** 굳 앹 프렌취.
04 데어r 낱 굳 앹 **매**쓰.
05 쉬 워즈 낱 굳 앹 주라:잉 **써:r**클즈.

패턴 078 이즈 잍 오우케이 ~?

01 이즈 잍 오우케이 이프 아이 파:r크 히어r?
02 이즈 잍 오우케이 이프 아이 유즈 유어r 포운?
03 이즈 잍 오우케이 이프 아이 콜: 유 **레**이러r?
04 이즈 잍 오우케이 이프 아이 브링 썸 프렌즈?
05 이즈 잍 오우케이 이프 아이 컴 바이 마이**쎌프**?

- 플레이
- 스삐:크
- **잉**글리쉬
- 프렌취
- **매**쓰
- 주**롸**:
- **써:r**클
- 파:r크
- 유:즈
- **콜**:
- 브링
- 바이 마이**쎌프**

*이미지 상상후 영어 **말하기***

077 나는 ~ 을 잘한다.

- 01 나는 피아노를 잘 친다.
- 02 난 영어를 잘 하지 못한다.
- 03 그는 프랑스어를 매우 잘했다.
- 04 그들은 수학을 잘 하지 못한다.
- 05 그녀는 원을 잘 그리지 못했다.

078 ~ 을 해도 괜찮나요?

- 01 제가 여기 주차해도 괜찮나요?
- 02 제가 네 전화를 써도 괜찮나요?
- 03 제가 나중에 전화해도 괜찮나요?
- 04 제가 친구 몇 명 데려와도 괜찮나요?
- 05 저 혼자 와도 괜찮나요?

• 연주하다	• 말하다	• 영어	• 프랑스어
• 수학	• 그리다	• 원	• 주차하다
• 사용하다	• 전화하다	• 데려오다	• 나 혼자서

패턴 079

노래처럼 한글영어 **읽기**

~ 이즌(트) 히?

- 01 히 이즈 어 **티:**쳐r, 이즌(트) 히?
- 02 쉬 캔트 컴 투 더 **파:**r디, 캔 쉬?
- 03 위 원:(트) 허r 어드**바**이쓰, 돈 위?
- 04 데이 디든(트) 고우 투 스쿨:, 딛 데이?
- 05 히 웤:r쓰 퍼r 더 **컴**뻐니, 더즌(트) 히?

패턴 080

웥 넘버r ~ ?

- 01 웥 **넘**버r 두 유 라익 베스트?
- 02 웥 컬러r 더즈 히 라익 베스트?
- 03 웥 푸:드 더(즈) 쉬 라익 베스트?
- 04 웥 스포:r트 두 유 라익 베스트?
- 05 웥 **써**브젝(트) 두 데이 라익 베스트?

- 티:쳐r
- 원:트
- 어드**바**이쓰
- 스쿨:
- 워:r크
- 컴뻐니
- 넘버
- 베스트
- 컬러r
- 스포:r트
- 써브젝트
- 라이크

 이미지 상상후 영어 **말하기**

~ 그렇지 않나요?

01 그는 선생님이지, 그렇지 않나요?
02 그녀는 파티에 올 수 없지, 그렇지요?
03 우리는 그녀의 충고를 원하지, 그렇지 않나요?
04 그들은 학교에 가지 않았지, 그렇지요?
05 그는 회사에서 일하지, 그렇지 않나요?

몇 번을 ~ ?

01 당신은 몇 번을 가장 좋아하나요?
02 그는 무슨 색깔을 가장 좋아하나요?
03 그녀는 어떤 음식을 가장 좋아하나요?
04 당신은 어떤 운동을 가장 좋아하나요?
05 그들은 어떤 과목을 가장 좋아하나요?

- 선생님
- 원하다
- 충고
- 학교
- 일하다
- 회사
- 숫자
- 최고의
- 색깔
- 운동
- 과목
- 좋아하다

패턴 081

노래처럼 한글영어 **읽기**

더 모어r ~, 더 모어r ~

01 더 모어r 히 해즈, 더 모어r 히 원ː츠.
02 더 모어r 고울드, 더 모어r 피어r.
03 더 모어r **피ː쁠**, 더 베러r.
04 더 모어r 유 노우, 더 모어r 유 씨ː.
05 더 모어r 아이 촢ː **어니언즈**, 더 모어r 아이 크**라**이.

패턴 082

윌 이프 ~ ?

01 윌 이프 마이 **페**어**런**츠 **파**인드 아웉?
02 윌 이프 잍 **레**인즈 투**마**ː로우?
03 윌 이프 히 **비**지츠 미 **써**든리?
04 윌 이프 쉬 더즌(트) 해브 에니 머니?
05 윌 이프 위 겥 로ː스트?

- 고울드
- 피어r
- 피ː쁠
- 촢ː
- 어니언
- 크라이
- 페어런츠
- 레인
- 투마ː로우
- 써든리
- 머니
- 루ː즈

이미지 상상후 영어 **말하기**

~ 하면 할수록, 더 ~ 한다.

01 그는 가지면 가질수록, 더 많이 갖고 싶어 한다.
02 가지면 가질수록, 더 걱정이 많다.
03 사람이 많으면 많을수록, 더 좋다.
04 네가 알면 알수록, 너는 더 많이 보게 된다.
05 나는 양파를 자르면 자를수록, 나는 더 많이 운다.

만약 ~ 하면 어떡하지?

01 만약 우리 부모님이 아시면 어떡하지?
02 만약 내일 비가 오면 어떡하지?
03 만약 그가 갑자기 나를 방문하면 어떡하지?
04 만약 그녀가 돈이 하나도 없으면 어떡하지?
05 만약 우리가 길을 잃으면 어떡하지?

- 금
- 양파
- 내일
- 두려움
- 울다
- 갑자기
- 사람들
- 부모님
- 돈
- 자르다
- 비가 오다
- 길을 잃다

노래처럼 한글영어 **읽기**

083 잍 씸:즈 라익 ~

01 잍 씸:즈 라익 노우 원 노우즈 더 추루:쓰.
02 잍 씸:즈 라익 데이 윌 윈 더 게임.
03 잍 씸:즈 라익 쉬 에잍 허r 런취 투: 패스트.
04 잍 씸:즈 라익 썸띵 웬(트) 롱:.
05 잍 씸:즈 라익 히 퍼r갵 어바우맅.

084 투: ~ 투 ~

01 아이 워즈 투: **타**이어r(드) 투 컨**티**뉴 **스**떠딩.
02 디(쓰) 스또운 이즈 투: 헤비 투 무:브.
03 쉬 워즈 투: 비지 투 콜: 힘.
04 노우 맨 이즈 투: 오울(드) 투 런:.
05 이즈 잍 투: 레잍 투 어플라이 퍼r 더 클래쓰?

- 추루:쓰
- 이:트
- 런취
- **썸**띵
- 롱:
- 퍼r**겥**
- **컨**티뉴
- **헤**비
- 무:브
- 비지
- 런:
- 어플라이

이미지 상상후 영어 **말하기**

083 ~ 인 것처럼 보인다.

01 아무도 진실을 모르는 것처럼 보인다.
02 그들이 시합을 이길 것처럼 보인다.
03 그녀는 점심을 너무 빨리 먹었던 것처럼 보인다.
04 뭔가 잘못된 것처럼 보인다.
05 그는 그것에 대해 잊어버린 것처럼 보인다.

084 너무 ~ 해서 ~ 할 수 없다.

01 나는 너무 피곤해서 공부를 계속할 수 없었다.
02 이 돌은 너무 무거워서 움직일 수 없다.
03 그녀는 너무 바빠서 그에게 전화할 수 없었다.
04 나이가 너무 많아서 배울 수 없는 사람은 없다.
05 너무 늦어서 수업을 신청할 수 없나요?

• 진실	• 먹다	• 점심	• 무언가
• 잘못된	• 잊어버리다	• 계속하다	• 무거운
• 움직이다	• 바쁜	• 배우다	• 신청하다

리뷰 1 — 발음힌트를 보고 영어문장 **말하기**

- 01 이츠 타임 투 두 ~
- 02 이츠 타임 투 쎄이 ~
- 03 이츠 타임 투 고우 ~
- 04 이츠 타임 투 고. ~
- 05 이츠 타임 투 두 ~
- 06 비 케어r플 온 ~
- 07 비 크와이엍 인 ~
- 08 와쉬 유어r 핸즈 ~
- 09 비 나이쓰 투 ~
- 10 스떼디 하:r더r ~
- 11 도운(트) 비 레잍 ~
- 12 도운(트) 비 디쩌포이틴 ~
- 13 도운(트) 메잌 노이즈 ~
- 14 도운(트) 빌리:브 ~
- 15 도운(트) 퍼r겥 투 ~
- 16 아이 워즈 레잍 ~
- 17 히 워즈 **앱**쓴트 ~
- 18 데이 미쓰(트) ~
- 19 위 스떼이드 호움 ~
- 20 잍 이즈 비커즈 어브 ~
- 21 아임 굳 앹 플레잉 ~
- 22 아임 낱 굳 앹 스뻬:킹 ~
- 23 히 워즈 **베**리 굳 앹 ~
- 24 데어r 낱 굳 앹 ~
- 25 쉬 워즈 낱 굳 앹 ~
- 26 이즈 잍 오우케이 이프 ~
- 27 이즈 잍 오우케이 이프 ~
- 28 이즈 잍 오우케이 이프 ~
- 29 이즈 잍 오우케이 ~
- 30 이즈 잍 오우케이 ~

리뷰 2 발음힌트를 보고 영어문장 **말하기**

- ③1 히 이즈 어 **티:**춰r, ~
- ③2 쉬 캔트 컴 투 ~
- ③3 위 원:(트) 허r ~
- ③4 데이 디든(트) 고우 ~
- ③5 히 웤:r쓰 퍼r 더 **컴**뻐니, ~
- ③6 웥 넘버r 두 유 ~
- ③7 웥 컬러r 더즈 히 ~
- ③8 웥 푸:드 더(즈) 쉬 ~
- ③9 웥 스포:r트 두 유 ~
- ④0 웥 써브젝(트) 두 데이 ~
- ④1 더 모어r 히 해즈, ~
- ④2 더 모어r 고울드, ~
- ④3 더 모어r **피:**쁠, ~
- ④4 더 모어r 유 노우, ~
- ④5 더 모어r 아이 챂 **어**니언즈, ~
- ④6 웥 이프 마이 페어런츠 ~
- ④7 웥 이프 잍 **레**인즈 ~
- ④8 웥 이프 히 **비**지츠 ~
- ④9 웥 이프 쉬 더즌(트) ~
- ⑤0 웥 이프 위 ~
- ⑤1 잍 씸:즈 라잌 노우 ~
- ⑤2 잍 씸:즈 라잌 데이 ~
- ⑤3 잍 씸:즈 라잌 쉬 ~
- ⑤4 잍 씸:즈 라잌 썸띵 ~
- ⑤5 잍 씸:즈 라잌 히 ~
- ⑤6 아이 워즈 투: ~
- ⑤7 디(쓰) 스또운 이즈 투: ~
- ⑤8 쉬 워즈 투: 비지 ~
- ⑤9 노우 맨 이즈 투: ~
- ⑥0 이즈 잍 투: 레잍 ~

리뷰 3 — 의미힌트를 보고 영어문장 말하기

- 01 너의 숙제를 ~
- 02 그녀에게 작별인사할 ~
- 03 이제 집에 갈 ~
- 04 잠잘 ~
- 05 뭔가를 할 ~
- 06 계단에서 ~
- 07 도서관 내에서는 ~
- 08 피자를 먹기 전에 ~
- 09 너의 여동생에게 ~
- 10 이제부터 더 ~
- 11 수업에 ~
- 12 결과에 ~
- 13 교실 안에서 ~
- 14 그가 말하는 ~
- 15 편지 쓰는 것을 ~
- 16 나는 교통 체증 ~
- 17 그는 독감 때문에 ~
- 18 그들은 나 때문에 ~
- 19 우리는 아이들 ~
- 20 그것은 내 동생 ~
- 21 나는 피아노를 ~
- 22 난 영어를 잘 ~
- 23 그는 프랑스어를 ~
- 24 그들은 수학을 잘 ~
- 25 그녀는 원을 잘 ~
- 26 제가 여기 주차해도 ~
- 27 제가 네 전화를 ~
- 28 제가 나중에 전화해도 ~
- 29 제가 친구 몇 명 ~
- 30 저 혼자 와도 ~

리뷰 4 의미힌트를 보고 영어문장 말하기

- 31 그는 선생님이지, ~
- 32 그녀는 파티에 ~
- 33 우리는 그녀의 충고를 ~
- 34 그들은 학교에 ~
- 35 그는 회사에서 ~
- 36 당신은 몇 번을 ~
- 37 그는 무슨 색깔을 ~
- 38 그녀는 어떤 음식을 ~
- 39 당신은 어떤 운동을 ~
- 40 그들은 어떤 과목을 ~
- 41 그는 가지면 가질수록, ~
- 42 가지면 가질수록, ~
- 43 사람이 많으면 많을수록, ~
- 44 네가 알면 알수록, ~
- 45 나는 양파를 자르면 ~
- 46 만약 우리 부모님이 ~
- 47 만약 내일 비가 ~
- 48 만약 그가 갑자기 나를 ~
- 49 만약 그녀가 돈이 하나도 ~
- 50 만약 우리가 길을 ~
- 51 아무도 진실을 ~
- 52 그들이 시합을 ~
- 53 그녀는 점심을 너무 ~
- 54 뭔가 잘못된 ~
- 55 그는 그것에 대해 ~
- 56 나는 너무 피곤해서 ~
- 57 이 돌은 너무 무거워서 ~
- 58 그녀는 너무 바빠서 ~
- 59 나이가 너무 많아서 ~
- 60 너무 늦어서 수업을 ~

여러분을 응원합니다 !

한글영어학습에 대해서 궁금한 점이 있다면
한글영어 공식카페로 질문해주세요.

https://cafe.naver.com/korchinese

모든 질문에 성심껏
답변을 드리도록 하겠습니다.

패턴 085 ~ 패턴 096

- (085) 쏘우 ~ 댙 ~
- (086) 웬에버r ~
- (087) 아임 슈어r ~
- (088) 애즈 이프 ~
- (089) 아이 캔(트) 어**포**:r(드) 투 ~
- (090) 잍 테잌쓰 ~
- (091) 하우 컴 ~ ?
- (092) 해드 베러r ~
- (093) 노우 **원**더r ~
- (094) 나우 댙 ~
- (095) 메이 아이 ~ ?
- (096) 쏘우 미 ~

"한글발음을 읽을 때,
영어소리를 온몸으로 느낀다고 생각하며 읽는다"

ㅍ, ㄹ, ㅂ 는 각각 f, r, v 발음 표시
진한 발음은 강세 표시

노래처럼 한글영어 **읽기**

패턴 085 쏘우 ~ 댙 ~

01 아이 워즈 쏘우 타이어r(드) 댙 아이 웬(트) 호움 **어**얼:r리.

02 히 이즈 쏘우 나이쓰 댙 히 캔(트) **이:**브 라이.

03 잍 워즈 쏘우 핱: 댙 데이 디든(트) 고우 아웉.

04 위 워r 쏘우 레잍 댙 위 미쓰(트) 더 버쓰.

05 쉬즈 쏘우 스추롱: 댙 쉬 캔 무:브 랔:쓰.

패턴 086  웬에버r ~

01 유 캔 **비**짙 미 웬**에**버r 유 원:트.

02 웬에버r 유어r 인 추러블, 콜: 미.

03 아이 겥 **너:**r버쓰 웬**에**버r 아이 해브 어 스뻬:취.

04 웬에버r 데이 밑:, 데이 블레임 이:취 아더r.

05 웬**에**버r 히 필:즈 **타**이어r드, 히 주링쓰 **커:**피.

- 타이어r드
- 어얼:r리
- 라이
- 미쓰
- 스추롱:
- 랔:
- 비짙
- 추러블
- 너:r버쓰
- 스뻬:취
- 블레임
- 이:취 아더r

 *이미지 상상후 영어* **말하기**

너무 ~ 해서 ~ 하다.

01 나는 너무 피곤해서 집에 일찍 갔다.
02 그는 너무 착해서 거짓말조차 할 수 없다.
03 날씨가 너무 더워서 그들은 나가지 않았다.
04 우리는 너무 늦어서 버스를 놓쳤다.
05 그녀는 너무 강해서 바위를 옮길 수 있다.

~ 할 때면 언제든지.

01 네가 원하면 언제든지 날 방문해도 좋다.
02 네게 문제가 생기면 언제든지 나에게 전화해라.
03 나는 연설을 할 때면 언제든지 긴장이 된다.
04 그들은 만날 때면 언제든지 서로를 비난한다.
05 그는 피곤할 때면 언제든지 커피를 마신다.

• 피곤한	• 일찍	• 거짓말하다	• 놓치다
• 강한	• 바위	• 방문하다	• 문제
• 긴장한	• 연설	• 비난하다	• 서로

노래처럼 한글영어 **읽기**

아임 슈어r ~

01 아임 슈어r **에브리**띵 윌 고우 웰.
02 히즈 슈어r 댙 히 레프트 잍 온 더 **테**이블.
03 아임 낱 슈어r 아이 캔 헬프 유 투**데**이.
04 쉬즈 슈어r 유일 파인(드) **썸**띵 굳.
05 아r 유 슈어r 히 뉴 더 썰**루:**션?

애즈 이프 ~

01 아이 필: 애즈 이프 아이 워즈 플라잉.
02 쉬 액티드 애즈 이프 쉬 디든(트) 노우 미.
03 데이 추맅: 미 애즈 이프 아이 워r 어 **베**이비.
04 히 톡:쓰 애즈 이프 히 뉴 에브리띵.
05 잍 룩쓰 애즈 이프 잍 워즈 스노잉.

- 에브리띵
- 리:브
- 파인드
- 썸띵
- 노우
- 썰루:션
- 필:
- 플라이
- 액트
- 추리:트
- 토:크
- 스노우

142 영어회화 후 알파벳 패턴영어

이미지 상상후 영어 **말하기**

나는 ~ 을 확신해.

01 나는 모든 게 잘 될 거라고 확신해.
02 그는 그것을 탁자 위에 두고 왔다고 확신해.
03 내가 오늘 너를 도울 수 있을지 확신하지 못해.
04 그녀는 네가 뭔가 좋은 것을 찾을 거라고 확신해.
05 당신은 그가 해결책을 알고 있다고 확신하나요?

마치 ~ 인 것처럼.

01 난 마치 날고 있는 것처럼 느낀다.
02 그녀는 마치 나를 모르는 것처럼 행동했다.
03 그들은 마치 내가 아기인 것처럼 대한다.
04 그는 마치 모든 것을 알고 있는 것처럼 말한다.
05 마치 눈이 오고 있는 것 같다.

- 모든 것
- 남겨 두다
- 발견하다
- 무언가
- 알다
- 해결책
- 느끼다
- 날다
- 행동하다
- 대우하다
- 말하다
- 눈이 오다

143

노래처럼 한글영어 읽기

089 아이 캔(트) 어**포**:r(드) 투 ~

01 아이 캔(트) 어**포**:r(드) 투 바이 어 뉴 하우쓰.
02 쉬 캔(트) 어**포**:r(드) 투 고우 온 **베**케이션.
03 위 캔(트) 어**포**:r(드) 투 페이 댈 머취 **머**니.
04 데이 캔(트) 어**포**:r(드) 투 룩 애프터r 유.
05 민수 캔(트) 어**포**:r(드) 투 와:취 어 **무**:비.

090 잍 테잌쓰 ~

01 잍 테잌쓰 어 롱: 타임 투 런: **잉**글리쉬.
02 잍 테잌쓰 투: 이어r즈 투 빌드 어 **빌**딩.
03 잍 툭 쓰리: 아워r즈 투 **피**니쉬 마이 **호**움워:r크.
04 잍 테잌쓰 쓰리: 멘 투 두 디쓰 좝:.
05 잍 툭 텐 미니츠 투 웤: 투 더 파:r크.

- 바이
- 베케이션
- 페이
- 머취
- 룩 애프터r
- 와:취
- 런:
- 빌드
- 피니쉬
- 좝:
- 미닡
- 파:r크

 이미지 상상후 영어 **말하기**

나는 ~ 할 여유가 없다.

01 나는 새 집을 살 여유가 없다.
02 그녀는 휴가를 갈 여유가 없다.
03 우리는 그렇게 많은 돈을 지불할 여유가 없다.
04 그들은 너를 돌볼 여유가 없다.
05 민수는 영화를 볼 여유가 없다.

~ 이 필요하다.

01 영어를 배우는 데는 오랜 시간이 걸린다.
02 건물을 짓는 데는 2년이 걸린다.
03 숙제를 끝내는 데는 3시간이 걸렸다.
04 이 일을 하는 데는 세 사람이 필요하다.
05 공원까지 걸어가는 데는 10분이 걸렸다.

- 사다
- 휴가
- 지불하다
- 많이
- 돌보다
- 보다
- 배우다
- 짓다
- 마치다
- 일
- 분
- 공원

노래처럼 한글영어 읽기
하우 컴 ~ ?

- 01 하우 컴 유어r 쏘우 **너:r**버쓰 투**데**이?
- 02 하우 컴 쉬 이즈 낱 이:링 런취?
- 03 하우 컴 디쓰 펜 이즈 모어r 익**쓰**뻰씨브?
- 04 하우 컴 히 디든(트) 인**바**잎 어쓰?
- 05 하우 컴 데이 디든(트) 고우 투 스쿨:?

해드 베러r ~

- 01 유 해드 베러r 고우 **라**잎 나우.
- 02 히 해드 베러r 씨: 어 닥:터r 앹 원쓰.
- 03 유 해드 베러r 낱 밑: 써취 어 맨.
- 04 데이 해드 베러r 낱 고우 데어r.
- 05 위 해드 베러r 콜: 더 펄**리**:쓰.

- 너:r버쓰
- 투데이
- 런취
- 익쓰뻰씨브
- 인**바**잎
- 스쿨:
- **라**잎 나우
- 닥:터r
- 앹 원쓰
- 써취
- 고우 데어r
- 펄리:쓰

이미지 상상후 영어 **말하기**

 091 어째서 ~ ?

01 어째서 당신은 오늘 그렇게 긴장하나요?
02 어째서 그녀는 점심을 먹고 있지 않나요?
03 어째서 이 펜이 더 비싼가요?
04 어째서 그는 우리를 초대하지 않았나요?
05 어째서 그들은 학교에 안 갔었나요?

 092 ~ 하는 편이 좋겠다

01 너는 지금 바로 가는 편이 좋겠다.
02 그는 즉시 의사에게 진찰을 받는 편이 좋겠다.
03 너는 그런 남자는 만나지 않는 편이 좋겠다.
04 그들은 거기에 가지 않는 편이 좋겠다.
05 우리는 경찰을 부르는 편이 좋겠다.

- 긴장한
- 오늘
- 점심
- 비싼
- 초대하다
- 학교
- 지금 바로
- 의사
- 즉시
- 그러한
- 거기에 가다
- 경찰

패턴 093

노래처럼 한글영어 **읽기**

노우 원더r ~

01 노우 **원**더r 유 같 **앵그리**.
02 노우 **원**더r 유 썩**씨:딘**.
03 노우 **원**더r 데이 췌인쥔 데어r 플랜.
04 노우 **원**더r 더 **뮤:**직 싸운딘 쏘우 굳.
05 노우 **원**더r 히 **캉:**커r(드) 더 워:r을드.

패턴 094

나우 댙 ~

01 나우 댙 유어r 히어r, 아임 파인.
02 나우 댙 유 **멘**션 잍, 아이 도운(트) 라이크 잍.
03 나우 댙 더 **무:**비즈 **오우버**r, 고우 투 베드.
04 나우 댙 아임 워:r킹, 아이 원:(트) 투 **스**떠디 어겐.
05 나우 댙 위 해브 **이:**튼, 레츠 고우.

• **앵그리**	• **썩씨:딘**	• 췌인쥐	• 플랜
• 싸운드	• **캉:**커r	• 워:r을드	• 히어r
• 멘션	• **오우버**r	• 고우 투 베드	• 스떠디

~ 하는 것이 놀랄 일도 아니다.

01 네가 화가 난 것이 놀랄 일도 아니다.
02 네가 성공한 것이 놀랄 일도 아니다.
03 그들이 계획을 바꾼 것이 놀랄 일도 아니다.
04 음악이 그렇게 좋게 들리는 것이 놀랄 일도 아니다.
05 그가 세계를 정복한 것이 놀랄 일도 아니다.

이제 ~ 이므로.

01 이제 네가 여기 있으니, 난 괜찮아.
02 네가 말을 해서 그런데, 나는 그것을 좋아하지 않아.
03 이제 영화가 끝났으니, 자러 가라.
04 이제 일을 하고 있으니, 나는 다시 공부하고 싶다.
05 이제 우리가 먹었으니, 출발하자.

• 화난	• 성공하다	• 바꾸다	• 계획
• 들리다	• 정복하다	• 세계	• 여기
• 언급하다	• 끝난	• 잠자러 가다	• 공부하다

패턴 095

노래처럼 한글영어 **읽기**

메이 아이 ~ ?

01 메이 아이 애스크 유 썸 **크웨스쳔**즈?
02 메이 아이 유:즈 디쓰 컴**퓨:**러r 퍼r 어 와일?
03 메이 아이 조인 유어r **파:**r디 퍼r 어 **모**우멘트?
04 메이 아이 스**뻭:** 투 미나 나우?
05 메이 아이 애스크 하우 오울드 유 아r?

패턴 096

쑈우 미 ~

01 쑈우 미 **썸**띵 엘쓰.
02 쑈우 미 유어r 주라이버r즈 라이쎈쓰.
03 쑈우 미 유 캔 두 잍!
04 플리:즈 쑈우 미 더 웨이 투 더 스떼이션.
05 쑈우 미 월 유 해브 인 유어r 핸드.

- 썸
- 크웨스쳔
- 퍼r 어 와일
- 조인
- 퍼r 어 **모**우멘트
- 애스크
- 썸띵
- 엘쓰
- 주라이버r
- 라이쎈쓰
- 웨이
- 스떼이션

이미지 상상후 영어 **말하기**

제가 ~ 해도 될까요?

- 01 제가 질문 몇 가지를 해도 될까요?
- 02 제가 이 컴퓨터를 잠시 좀 써도 될까요?
- 03 제가 잠시 당신 파티에 참석해도 될까요?
- 04 제가 미나랑 지금 이야기해도 될까요?
- 05 제가 나이가 몇 살인지 물어봐도 될까요?

~ 을 보여주세요.

- 01 다른 것을 보여주세요.
- 02 운전면허증을 좀 보여주세요.
- 03 네가 할 수 있다는 것을 보여주세요.
- 04 기차역으로 가는 길을 가르쳐주세요.
- 05 네 손에 가진 것을 보여주세요.

• 몇몇의	• 질문	• 잠시 동안	• 참가하다
• 잠시 동안	• 묻다	• 무언가	• 그밖에
• 운전사	• 면허증	• 길	• 역

리뷰 1 발음힌트를 보고 영어문장 말하기

① 아이 워즈 쏘우 타이어r(드)~
② 히 이즈 쏘우 나이쓰~
③ 잍 워즈 쏘우 핟:~
④ 위 워r 쏘우 레잍~
⑤ 쉬즈 쏘우 스추롱:~
⑥ 유 캔 비짙 미~
⑦ 웬에버r 유어r 인~
⑧ 아이 겥 너:r버쓰~
⑨ 웬에버r 데이 밑:~
⑩ 웬에버r 히 필:즈~
⑪ 아임 슈어r 에브리띵~
⑫ 히즈 슈어 댙 히~
⑬ 아임 낱 슈어r 아이~
⑭ 쉬즈 슈어 유일~
⑮ 아r 유 슈어r 히~
⑯ 아이 필: 애즈 이프 아이~
⑰ 쉬 액티드 애즈 이프 쉬~
⑱ 데이 추맅: 미 애즈 이프~
⑲ 히 톡:쓰 애즈 이프 히~
⑳ 잍 룩쓰 애즈 이프 잍~
㉑ 아이 캔(트) 어포:r(드) 투~
㉒ 쉬 캔(트) 어포:r(드) 투~
㉓ 위 캔(트) 어포:r(드) 투~
㉔ 데이 캔(트) 어포:r(드) 투~
㉕ 민수 캔(트) 어포:r(드) 투~
㉖ 잍 테잌쓰 어 롱: 타임~
㉗ 잍 테잌쓰 투: 이어r즈~
㉘ 잍 툭 쓰리: 아워r즈~
㉙ 잍 테잌쓰 쓰리: 멘~
㉚ 잍 툭 텐 미니츠~

리뷰 2 발음힌트를 보고 영어문장 **말하기**

31 하우 컴 유어r 쏘우 ~
32 하우 컴 쉬 이즈 ~
33 하우 컴 디쓰 펜 ~
34 하우 컴 히 디든(트) ~
35 하우 컴 데이 디든(트) ~
36 유 해드 베러r 고우 ~
37 히 해드 베러r 씨: ~
38 유 해드 베러r 낱 ~
39 데이 해드 베러r 낱 ~
40 위 해드 베러r 콜: ~
41 노우 **원**더r 유 같 ~
42 노우 원더r 유 ~
43 노우 **원**더r 데이 췌인쥘 ~
44 노우 원더r 더 뮤:직 ~
45 노우 **원**더r 히 ~

46 나우 댙 유어r 히어r, ~
47 나우 댙 유 **멘**션 잍, ~
48 나우 댙 더 무:비즈 ~
49 나우 댙 아임 워:r킹, ~
50 나우 댙 위 해브 이:튼, ~
51 메이 아이 애스크 유 ~
52 메이 아이 유:즈 디쓰 ~
53 메이 아이 조인 유어r **파**r디 ~
54 메이 아이 스뻭: 투 ~
55 메이 아이 애스크 ~
56 쑈우 미 썸띵 ~
57 쑈우 미 유어r ~
58 쑈우 미 유 캔 ~
59 플리:즈 쑈우 미 더 웨이 ~
60 쑈우 미 윁 유 해브 ~

리뷰 3 · 의미힌트를 보고 영어문장 말하기

- 01 나는 너무 피곤해서 ~
- 02 그는 너무 착해서 ~
- 03 날씨가 너무 더워서 ~
- 04 우리는 너무 늦어서 ~
- 05 그녀는 너무 강해서 ~
- 06 네가 원하면 언제든지 ~
- 07 네게 문제가 생기면 ~
- 08 나는 연설을 할 때면 ~
- 09 그들은 만날 때면 ~
- 10 그는 피곤할 때면 ~
- 11 나는 모든 게 ~
- 12 그는 그것을 탁자 위에 ~
- 13 내가 오늘 너를 ~
- 14 그녀는 네가 뭔가 ~
- 15 당신은 그가 해결책을 ~
- 16 난 마치 날고 ~
- 17 그녀는 마치 나를 ~
- 18 그들은 마치 내가 ~
- 19 그는 마치 모든 것을 ~
- 20 마치 눈이 오고 ~
- 21 나는 새 집을 ~
- 22 그녀는 휴가를 ~
- 23 우리는 그렇게 많은 돈을 ~
- 24 그들은 너를 돌볼 ~
- 25 민수는 영화를 볼 ~
- 26 영어를 배우는 데는 ~
- 27 건물을 짓는 데는 ~
- 28 숙제를 끝내는 데는 ~
- 29 이 일을 하는 데는 ~
- 30 공원까지 걸어가는 데는 ~

리뷰 4 의미힌트를 보고 영어문장 **말하기**

31 어째서 당신은 오늘 ~

32 어째서 그녀는 점심을 ~

33 어째서 이 펜이 ~

34 어째서 그는 우리를 ~

35 어째서 그들은 학교에 ~

36 너는 지금 바로 ~

37 그는 즉시 의사에게 ~

38 너는 그런 남자는 ~

39 그들은 거기에 가지 ~

40 우리는 경찰을 ~

41 네가 화가 난 것이 ~

42 네가 성공한 것이 ~

43 그들이 계획을 바꾼 것이 ~

44 음악이 그렇게 좋게 ~

45 그가 세계를 정복한 것이 ~

46 이제 네가 여기 있으니, ~

47 네가 말을 해서 그런데, ~

48 이제 영화가 끝났으니, ~

49 이제 일을 하고 있으니, ~

50 이제 우리가 먹었으니, ~

51 제가 질문 몇 가지를 ~

52 제가 이 컴퓨터를 ~

53 제가 잠시 당신 파티에 ~

54 제가 미나랑 지금 ~

55 제가 나이가 몇 살인지 ~

56 다른 것을 ~

57 운전면허증을 좀 ~

58 네가 할 수 있다는 ~

59 기차역으로 가는 길을 ~

60 네 손에 가진 것을 ~

여러분을 응원합니다 !

한글영어학습에 대해서 궁금한 점이 있다면
한글영어 공식카페로 질문해주세요.

https://cafe.naver.com/korchinese

모든 질문에 성심껏
답변을 드리도록 하겠습니다.

패턴 097 ~ 패턴 108

- **097** 하우 캔 아이 ~ ?
- **098** 후 원츠 투 ~ ?
- **099** 렡 미 노우 ~
- **100** 윁 데이 ~ ?
- **101** 위취 두 유 라익 베러r ~ ?
- **102** 윁 슏 아이 ~ ?
- **103** 대츠 윁 ~
- **104** 아이 띵크 ~
- **105** 아임 비지 ~ 잉
- **106** 땡 큐 포:r ~
- **107** 아임 온 ~
- **108** 해 뷰 에버r ~ ?

**"한글발음을 읽을 때,
영어소리를 온몸으로 느낀다고 생각하며 읽는다"**

ㅍ, ㄹ, ㅂ 는 각각 f, r, v 발음 표시
진한 발음은 강세 표시

노래처럼 한글영어 읽기
패턴 097 하우 캔 아이 ~ ?

- 01 하우 캔 아이 헬프 유?
- 02 하우 캔 아이 리브 위다웉 **머**니?
- 03 하우 캔 아이 **스**떼이 인 터취 위드 유?
- 04 하우 캔 아이 겔 데어r **크**위끌리?
- 05 하우 캔 아이 런: **잉**글리쉬?

패턴 098 후 원츠 투 ~ ?

- 01 후 원:츠 투 리:(드) 디쓰 북?
- 02 후 원:츠 투 크윝 나우?
- 03 후 원:츠 투 스뻭: 투 허r?
- 04 후 원:츠 투 조인 미?
- 05 후 원:츠 투 히어r 허r 씽?

- • 위다웉
- • **머**니
- • **스**떼이
- • 터취
- • **크**위끌리
- • 런:
- • 리:드
- • 크윝
- • 스삐:크
- • 조인
- • 히어r
- • 씽

이미지 상상후 영어 **말하기**

제가 어떻게 ~ 할 수 있을까요?

01 제가 어떻게 도와 드리면 될까요?
02 제가 어떻게 하면 돈 없이 살 수 있을까요?
03 제가 어떻게 하면 당신과 계속 연락을 할 수 있을까요?
04 재가 어떻게 하면 거기에 빨리 갈 수 있을까요?
05 제가 어떻게 하면 영어를 배울 수 있을까요?

~ 하고 싶은 사람은 누구인가요?

01 이 책을 읽고 싶은 사람은 누구인가요?
02 지금 그만두고 싶은 사람은 누구인가요?
03 그녀와 얘기하고 싶은 사람은 누구인가요?
04 저와 같이 가고 싶은 사람은 누구인가요?
05 그녀의 노래를 듣고 싶은 사람은 누구인가요?

- ~없이
- 돈
- 머물다
- 연락
- 빨리
- 배우다
- 읽다
- 그만두다
- 말하다
- 참가하다
- 듣다
- 노래하다

노래처럼 한글영어 읽기

렐 미 노우 ~

- **01** 렡 미 노우 이프 유어r 고잉 투 비 레잍.
- **02** 렡 미 노우 이프 이츠 어 예쓰 오r 어 노우.
- **03** 플리:즈 렡 미 노우 하우 유 아r 두잉.
- **04** 렡 미 노우 웥 타임 더 버쓰 리:브즈.
- **05** 렡 미 노우 웬 이즈 레디.

웥 데이 ~ ?

- **01** 웥 데이 이즈 잍 투데이?
- **02** 웥 데잍 이즈 잍 투데이?
- **03** 웥 타임 이즈 잍 나우?
- **04** 웥 씨:즌 이즈 잍?
- **05** 웥 이어r 이즈 잍?

• 비 고잉 투	• 레잍	• 하우	• 웥 타임
• 리:브	• 레디	• 데이	• 데잍
• 투데이	• 나우	• 씨:즌	• 이어r

이미지 상상후 영어 **말하기**

~ 을 알려주세요.

- 01 네가 늦을 것 같으면 알려주세요.
- 02 '예'인지 '아니오'인지 알려주세요.
- 03 어떻게 지내는지 알려주세요.
- 04 버스가 몇 시에 출발하는지 알려주세요.
- 05 준비가 다 되면 알려주세요.

무슨 요일~?

- 01 오늘은 무슨 요일인가요?
- 02 오늘은 며칠인가요?
- 03 지금 몇 시인가요?
- 04 무슨 계절인가요?
- 05 몇 년인가요?

- ~할 것 같다
- 늦은
- 어떻게
- 몇 시
- 떠나다
- 준비가 된
- 요일
- 날짜
- 오늘
- 지금
- 계절
- 년

패턴 101  노래처럼 한글영어 읽기

위취 두 유 라익 베러r ~ ?

01 위취 두 유 라익 베러r, **커:피** 오r어 티:?
02 위취 딛 히 라익 베러r, **써머r** 오r어 **윈터r**?
03 위취 더(즈) 쉬 라익 베러r, 미:트 오r어 **베쥐터블즈**?
04 위취 디 쥬 라익 베러r, **싸커r** 오r어 **베이쓰볼:**?
05 위취 두 유 라익 베러r, **씽잉** 오r어 **액팅**?

패턴 102

윁 슏 아이 ~ ?

01 윁 슏 아이 텔 허r?
02 윁 슏 히 두 애즈 **프레지든트**?
03 윁 슏 위 해브 **퍼r 디너r**?
04 윁 슏 아이 두 위드 디쓰 오울(드) 데스크?
05 윁 슏 데이 웨어r 투 더 **파:r디**?

- **써머r**
- **윈터r**
- 미:트
- **베쥐터블**
- **싸커r**
- **베이스볼:**
- 씽
- **액트**
- **프레지든트**
- 해브
- **디너r**
- 웨어r

너는 ~ 중에 어느 것을 좋아하나요?

01 당신은 커피와 홍차 중에 어느 것을 좋아하나요?
02 그는 여름과 겨울 중에 어느 것을 좋아했나요?
03 그녀는 고기와 채소 중에 어느 것을 좋아하나요?
04 당신은 축구와 야구 중에 어느 것을 좋아했나요?
05 당신은 노래와 연기 중에 어느 것을 좋아하나요?

제가 뭘 ~ 해야 할까요?

01 제가 그녀에게 뭐라고 말해야 할까요?
02 그는 대통령으로서 무엇을 해야 할까요?
03 우리는 저녁으로 무엇을 먹어야 할까요?
04 제가 이 낡은 책상으로 무엇을 해야 할까요?
05 그들은 파티에 무엇을 입고 가야 할까요?

- 여름
- 겨울
- 고기
- 채소
- 축구
- 야구
- 노래하다
- 연기하다
- 대통령
- 먹다
- 저녁식사
- 입다

노래처럼 한글영어 **읽기**

대츠 윌 ~

01 대츠 윌 아이 원:틴 투 쎄이.
02 대츠 윌 위 우드 라잌 투 노우.
03 대츠 윌 쉬 토울드 힘.
04 대츠 윌 마이 페어런츠 올:웨이즈 쎄이.
05 대츠 윌 데이 슈 두 덴.

아이 띵크 ~

01 아이 띵크 잍 룩쓰 크와잍 나이쓰.
02 아이 띵크 마이 퍼피 이즈 씩.
03 아이 띵크 쉬즈 **프**리티 쿨:.
04 아이 띵크 히 슈 스떼이 호움.
05 아이 띵크 위 멭 어바웉 어 이어r 어고우.

• 쎄이	• 노우	• 텔	• **페**어런츠
• 올:웨이즈	• 덴	• 크와잍	• 퍼피
• 씩	• **프**리티	• 스떼이	• 어바웉

이미지 상상후 영어 **말하기**

패턴 103 그것이 바로 ~ 것이다.

01 그것이 바로 내가 말하고 싶었던 것이다.
02 그것이 바로 우리가 알고 싶은 것이다.
03 그것이 바로 그녀가 그에게 말했던 것이다.
04 그것이 바로 우리 부모님이 항상 말씀하신 것이다.
05 그것이 바로 그들이 그때 해야 할 것이다.

패턴 104 내 생각에 ~ 인 것 같다.

01 내 생각에 그것은 상당히 괜찮아 보인다.
02 내 생각에 내 강아지가 아픈 것 같다.
03 내 생각에 그녀는 상당히 멋진 것 같다.
04 내 생각에 그는 집에 있어야 할 것 같다.
05 내 생각에 우리가 약 일 년 전쯤 만난 것 같다.

• 말하다	• 알다	• 말하다	• 부모님
• 항상	• 그때	• 상당히	• 강아지
• 아픈	• 상당히	• 머물다	• 약

노래처럼 한글영어 읽기
아임 비지 ~ 잉

01 아임 **비**지 **스**떠딩 **매**쓰.
02 쉬즈 **비**지 두잉 허r **호**움워:r크.
03 위어r **비**지 두잉 **썸**띵 엘쓰.
04 히 워즈 **비**지 루낑 퍼r 어 좝:.
05 웥 아r 유 **비**지 두잉?

땡 큐 포:r ~

01 땡 큐 퍼r **커**밍 투**데**이.
02 땡 큐 퍼r 올: 어브 디쓰.
03 땡 큐 퍼r 유어r 인버**테**이션.
04 땡 큐 퍼r 언더r스땐딩 미.
05 땡 큐 퍼r 유어r 헬프.

• 매쓰	• 호움워:r크	• 썸띵	• 엘쓰
• 룩 포:r	• 좝:	• 컴	• 투데이
• 올: 어브 디쓰	• 인버테이션	• 언더r스땐드	• 헬프

166 영어회화 후 알파벳 패턴영어

이미지 상상후 영어 **말하기**

나는 ~ 하느라 바쁘다.

01 나는 수학을 공부하느라 바쁘다.
02 그녀는 숙제하느라 바쁘다.
03 우리는 다른 일을 하느라 바쁘다.
04 그는 직업을 구하느라 바빴다.
05 당신은 무엇을 하느라 바쁘나요?

~ 해줘서 감사해요.

01 오늘 와줘서 감사해요.
02 이 모든 것에 대해서 감사해요.
03 초대해 주셔서 감사해요.
04 절 이해해주셔서 감사해요.
05 도와주셔서 감사해요.

- 수학
- 숙제
- 무언가
- 그밖에
- 찾다
- 직업
- 오다
- 오늘
- 이 모든 것
- 초대
- 이해하다
- 도움

패턴 107

노래처럼 한글영어 읽기

아임 온 ~

01 아임 온 베케이션.
02 쉬 이즈 온 어 다이얼.
03 아임 온 마이 웨이 투 두 잍.
04 히 이즈 온 더 포운.
05 데이 아r 온 데어r 웨이.

패턴 108

해 뷰 에버r ~ ?

01 해 뷰 에버r 빈 투 스뻬인?
02 해 뷰 에버r 쏘트: 어바웉 데쓰?
03 해(즈) 쉬 에버r 빈 투 코리:아?
04 해브 데이 에버r 비지틷 유?
05 해즈 히 에버r 힡 유 비포:r어?

- 베케이션
- 다이얼
- 웨이
- 포운
- 스뻬인
- 띵크
- 어바웉
- 데쓰
- 코리:아
- 비짙
- 힡
- 비포:r어

이미지 상상후 영어 **말하기**

 **나는 ~ 하는 중이다.**

- 01 나는 휴가 중이다.
- 02 그녀는 다이어트를 하는 중이다.
- 03 나는 그것을 하는 중이다.
- 04 그는 전화통화 중이다.
- 05 그들은 오는 중이다.

 **당신은 전에 ~ 해본 적이 있나요?**

- 01 당신은 전에 스페인에 가본 적이 있나요?
- 02 당신은 전에 죽음에 대해 생각해 본 적이 있나요?
- 03 그녀는 전에 한국에 가본 적이 있나요?
- 04 그들이 전에 당신을 방문한 적이 있나요?
- 05 그가 전에 당신을 때린 적이 있나요?

• 휴가	• 다이어트	• 길	• 전화
• 스페인	• 생각하다	• ~에 관하여	• 죽음
• 한국	• 방문하다	• 때리다	• 전에

리뷰 1 : 발음힌트를 보고 영어문장 말하기

- 01 하우 캔 아이 헬프 ~
- 02 하우 캔 아이 리브 ~
- 03 하우 캔 아이 스떼이 ~
- 04 하우 캔 아이 겓 ~
- 05 하우 캔 아이 런: ~
- 06 후 원:츠 투 리:(드) ~
- 07 후 원:츠 투 크윝 ~
- 08 후 원:츠 투 스뻭: ~
- 09 후 원:츠 투 조인 ~
- 10 후 원:츠 투 히어r ~
- 11 렡 미 노우 이프 유어r ~
- 12 렡 미 노우 이프 이츠 ~
- 13 플리:즈 렡 미 노우 하우 ~
- 14 렡 미 노우 왙 타임 ~
- 15 렡 미 노우 웬 ~
- 16 윁 데이 이즈 잍 ~
- 17 윁 데잍 이즈 ~
- 18 윁 타임 이즈 잍 ~
- 19 윁 씨:즌 이즈 ~
- 20 윁 이어r 이즈 ~
- 21 위취 두 유 라잌 베러r, ~
- 22 위취 딛 히 라잌 베러r, ~
- 23 위취 더(즈) 쉬 라잌 베러r, ~
- 24 위취 디 쥬 라잌 베러r, ~
- 25 위취 두 유 라잌 베러r, ~
- 26 윁 슏 아이 텔 ~
- 27 윁 슏 히 두 ~
- 28 윁 슏 위 해브 ~
- 29 윁 슏 아이 두 ~
- 30 윁 슏 데이 ~

리뷰 2 발음힌트를 보고 영어문장 **말하기**

31 대츠 윌 아이 ~

32 대츠 윌 위 우드 ~

33 대츠 윌 쉬 ~

34 대츠 윌 마이 페어런츠 ~

35 대츠 윌 데이 ~

36 아이 띵크 잍 룩쓰 ~

37 아이 띵크 마이 퍼피 ~

38 아이 띵크 쉬즈 ~

39 아이 띵크 히 슢 ~

40 아이 띵크 위 멭 ~

41 아임 **비**지 스떠딩 ~

42 쉬즈 비지 두잉 ~

43 위어r **비**지 두잉 ~

44 히 워즈 비지 루낑 ~

45 월 아r 유 **비**지 ~

46 땡 큐 퍼r 커밍 ~

47 땡 큐 퍼r 올: ~

48 땡 큐 퍼r 유어r ~

49 땡 큐 퍼r ~

50 땡 큐 퍼r 유어r ~

51 아임 온 ~

52 쉬 이즈 온 ~

53 아임 온 마이 웨이 ~

54 히 이즈 온 ~

55 데이 아r 온 ~

56 해 뷰 에버r 빈 ~

57 해 뷰 에버r 쏘트: ~

58 해(즈) 쉬 에버r 빈 ~

59 해브 데이 에버r ~

60 해즈 히 에버r 힡 ~

171

리뷰 3 의미힌트를 보고 영어문장 말하기

- 01 제가 어떻게 도와 ~
- 02 제가 어떻게 하면 돈 없이 ~
- 03 제가 어떻게 하면 당신과 ~
- 04 제가 어떻게 하면 거기에 ~
- 05 제가 어떻게 하면 영어를 ~
- 06 이 책을 읽고 싶은 ~
- 07 지금 그만두고 싶은 ~
- 08 그녀와 얘기하고 싶은 ~
- 09 저와 같이 가고 싶은 ~
- 10 그녀의 노래를 듣고 싶은 ~
- 11 네가 늦을 것 같으면 ~
- 12 '예'인지 '아니오'인지 ~
- 13 어떻게 지내는지 ~
- 14 버스가 몇 시에 ~
- 15 준비가 다 되면 ~
- 16 오늘은 무슨 ~
- 17 오늘은 ~
- 18 지금 몇 ~
- 19 무슨 ~
- 20 몇 년인가요? ~
- 21 당신은 커피와 홍차 중에 ~
- 22 그는 여름과 겨울 중에 ~
- 23 그녀는 고기와 채소 중에 ~
- 24 당신은 축구와 야구 중에 ~
- 25 당신은 노래와 연기 중에 ~
- 26 제가 그녀에게 뭐라고 ~
- 27 그는 대통령으로서 ~
- 28 우리는 저녁으로 무엇을 ~
- 29 제가 이 낡은 책상으로 ~
- 30 그들은 파티에 무엇을 ~

리뷰 4

의미힌트를 보고 영어문장 **말하기**

㉛ 그것이 바로 내가 ~

㉜ 그것이 바로 우리가 ~

㉝ 그것이 바로 그녀가 ~

㉞ 그것이 바로 우리 부모님이 ~

㉟ 그것이 바로 그들이 ~

㊱ 내 생각에 그것은 ~

㊲ 내 생각에 내 강아지가 ~

㊳ 내 생각에 그녀는 ~

㊴ 내 생각에 그는 집에 ~

㊵ 내 생각에 우리가 ~

㊶ 나는 수학을 ~

㊷ 그녀는 숙제하느라 ~

㊸ 우리는 다른 일을 ~

㊹ 그는 직업을 구하느라 ~

㊺ 당신은 무엇을 ~

㊻ 오늘 와줘서 ~

㊼ 이 모든 것에 ~

㊽ 초대해 주셔서 ~

㊾ 절 이해해주셔서 ~

㊿ 도와주셔서 ~

(51) 나는 휴가 ~

(52) 그녀는 다이어트를 ~

(53) 나는 그것을 ~

(54) 그는 전화통화 ~

(55) 그들은 오는 ~

(56) 당신은 전에 스페인에 ~

(57) 당신은 전에 죽음에 대해 ~

(58) 그녀는 전에 한국에 ~

(59) 그들이 전에 당신을 ~

(60) 그가 전에 당신을 ~

여러분을 응원합니다 !

한글영어학습에 대해서 궁금한 점이 있다면
한글영어 공식카페로 질문해주세요.

https://cafe.naver.com/korchinese

모든 질문에 성심껏
답변을 드리도록 하겠습니다.

패턴 109 ~ 패턴 120

- ⑩⑨ 와이 돈 츄 ~ ?
- ⑪⓪ 아이 디든(트) 민: 투 ~
- ⑪① 두 아이 해브 투 ~ ?
- ⑪② 아이 캔(트) 웨잍 투 ~
- ⑪③ 웥 두 유 띵크 어브 ~ ?
- ⑪④ 아임 레디 투 ~
- ⑪⑤ 필: 프리: 투 ~
- ⑪⑥ 유 도운(트) 해브 투 ~
- ⑪⑦ 이츠 워:r쓰 ~
- ⑪⑧ 아임 루낑 퍼:r ~
- ⑪⑨ 아이 핻 노우 아이**디:**어 ~
- ⑫⓪ 웥 디 쥬 ~ ?

"한글발음을 읽을 때,
영어소리를 온몸으로 느낀다고 생각하며 읽는다"

ㅍ, ㄹ, ㅂ 는 각각 f, r, v 발음 표시
진한 발음은 강세 표시

패턴 109

노래처럼 한글영어 읽기

와이 돈 츄 ~ ?

01 와이 돈 츄 텔 힘 더 추루:쓰?
02 와이 돈 츄 추라이 어겐?
03 와이 돈 츄 라잍 허r 어 **레**러r?
04 와이 돈 츄 해브 썸 커:피?
05 와이 돈 츄 스떠디 인 디 **아**더r 룸:?

패턴 110

아이 디든(트) 민: 투 ~

01 아이 디든(트) 민: 투 비 레잍.
02 쉬 디든(트) 민: 투 텔 어 라이.
03 위 디든(트) 민: 투 쎄이 잍 라잌 댙.
04 히 디든(트) 민: 투 바:더r 유.
05 데이 디든(트) 민: 투 두 잍.

- 추루:쓰   • 추라이   • 어겐   • 라이트
- **레**러   • 썸   • **아**더   • 레잍
- 텔 어 라이   • 쎄이   • 라이크   • **바**:더r

당신은 ~ 하는 게 어떤가요?

01 당신은 그에게 진실을 말하는 게 어떤가요?
02 당신은 다시 시도해보는 게 어떤가요?
03 당신은 그녀에게 편지를 써보는 게 어떤가요?
04 당신은 커피 좀 마셔보는 게 어떤가요?
05 당신은 다른 방에서 공부하는 게 어떤가요?

나는 ~ 할 의도는 없었다.

01 나는 늦을 의도는 없었다.
02 그녀는 거짓말을 하려던 의도는 없었다.
03 우리는 그렇게 말하려고 한 의도는 없었다.
04 그는 너를 방해하려던 의도는 없었다.
05 그들은 그것을 하려던 의도는 없었다.

• 진실	• 시도하다	• 다시	• 쓰다
• 편지	• 조금	• 다른	• 늦은
• 거짓말을 하다	• 말하다	• ~처럼	• 방해하다

노래처럼 한글영어 읽기

패턴 111
두 아이 해브 투 ~ ?

01 두 아이 해브 투 띵크 잍 **오우바**r 어겐?
02 더(즈) 쉬 해브 투 테이크 어 버쓰?
03 두 위 해브 투 런: **잉**글리쉬?
04 더(즈) 히 해브 투 **리**턴: 히즈 추**레**이?
05 두 아이 해브 투 텔 유 더 쎄임 띵?

패턴 112
아이 캔(트) 웨잍 투 ~

01 히 캔(트) 웨잍 투 밑: 허r.
02 아이 캔(트) 웨잍 투 씨: 유 어겐.
03 쉬 캔(트) 웨잍 투 고우 온 투어r.
04 위 캔(트) 웨잍 투 플레이 싸커r.
05 데이 캔(트) 웨잍 투 해브 어 **베**이비.

- 띵크
- 어겐
- 테이크 어 버쓰
- 런:
- **리**턴:
- 추**레**이
- 쎄임
- 미:트
- 씨:
- 투어r
- **싸**커r
- **베**이비

 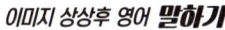

제가 ~ 해야 하나요?

01 제가 다시 생각해야 하나요?
02 그녀는 버스를 타야 하나요?
03 우리는 영어를 배워야 하나요?
04 그가 쟁반을 돌려줘야 하나요?
05 제가 당신에게 같은 말을 해야 하나요?

나는 빨리 ~ 하고 싶다.

01 그는 그녀를 빨리 만나고 싶어 한다.
02 나는 너를 빨리 다시 만나고 싶다.
03 그녀는 빨리 여행을 가고 싶어 한다.
04 우리는 빨리 축구를 하고 싶다.
05 그들은 빨리 아기를 갖고 싶어 한다.

• 생각하다	• 다시	• 버스를 타다	• 배우다
• 돌려주다	• 쟁반	• 같은	• 만나다
• 보다	• 여행	• 축구	• 아기

노래처럼 한글영어 읽기

패턴 113 : 웥 두 유 띵크 어브 ~ ?

- 01 웥 두 유 띵크 어브 마이 플랜?
- 02 웥 더(즈) 쉬 띵크 어브 패스(트) 푸:드?
- 03 웥 두 데이 띵크 어브 더 뉴: 티:춰r?
- 04 웥 디드 히 띵크 어브 리자?
- 05 웥 디드 유 띵크 어브 디쓰 페인팅?

패턴 114 : 아임 레디 투 ~

- 01 아임 레디 투 고우 아웉 나우.
- 02 쉬 이즈 레디 투 오:r더r 푸:드.
- 03 아이 워즈 낱 레디 투 텔 유 옡.
- 04 위 아r 레디 투 비긴 더 테스트.
- 05 아r 유 레디 투 오:r더r 나우?

- 플랜
- 패스트
- 뉴:
- 티:춰r
- 페인팅
- 고우 아웉
- 오:r더r
- 텔
- 옡
- 비긴
- 테스트
- 나우

 **당신은 ~ 에 대해 어떻게 생각하나요?**

01 당신은 저의 계획에 대해 어떻게 생각하나요?
02 그녀는 패스트푸드에 대해 어떻게 생각하나요?
03 그들은 새로운 선생님에 대해 어떻게 생각하나요?
04 그는 리사에 대해 어떻게 생각했나요?
05 당신은 이 그림에 대해 어떻게 생각했나요?

 **나는 ~ 할 준비가 되었다.**

01 나는 이제 나갈 준비가 되었다.
02 그녀는 음식을 주문할 준비가 되었다.
03 나는 아직 너에게 말할 준비가 되지 않았었다.
04 우리는 시험을 시작할 준비가 되었다.
05 당신은 이제 주문할 준비가 되셨나요?

• 계획	• 빠른	• 새로운	• 선생님
• 그림	• 나가다	• 주문하다	• 말하다
• 아직	• 시작하다	• 시험	• 이제

노래처럼 한글영어 읽기

패턴 115 필: 프리: 투 ~

01 필: 프리: 투 룩 어**라**운드.
02 필: 프리: 투 조인 어쓰.
03 필: 프리: 투 콜: 미 **에**니타임.
04 필: 프리: 투 애슼 크웨스춴즈.
05 필: 프리: 투 텔 미 유어r **어**피니언.

패턴 116 유 도운(트) 해브 투 ~

01 유 도운(트) 해브 투 웨잍 퍼r 미.
02 쉬 더즌(트) 해브 투 텔 힘.
03 위 디든(트) 해브 투 두 댙.
04 아이 도운(트) 해브 투 워:리 어바욷 힘.
05 히 디든(트) 해브 투 와:쉬 히즈 핸즈.

- 룩 어**라**운드
- 조인
- 콜:
- **에**니타임
- **크**웨스춴
- **어**피니언
- 웨잍 포:r
- 댙
- **워:**리
- 어바욷
- 와:쉬
- 핸드

이미지 상상후 영어 **말하기**

 자유롭게 ~ 하세요.

01 자유롭게 구경하세요.
02 자유롭게 우리와 합류하세요.
03 자유롭게 언제든지 전화하세요.
04 자유롭게 질문하세요.
05 자유롭게 당신 의견을 말하세요.

 당신은 ~ 할 필요가 없다.

01 너는 날 기다릴 필요가 없다.
02 그녀는 그에게 말할 필요가 없다.
03 우리는 그것을 할 필요가 없었다.
04 나는 그에 대해 걱정할 필요가 없다.
05 그는 손을 씻을 필요가 없었다.

- 둘러보다
- 참가하다
- 전화하다
- 언제든지
- 질문
- 의견
- ~을 기다리다
- 그것
- 걱정하다
- ~에 관하여
- 씻다
- 손

노래처럼 한글영어 **읽기**

이츠 워:r쓰 ~

01 이츠 워:r쓰 어 추라이.
02 이츠 워:r쓰 어 **헌주렏** **밀리언** 원.
03 이츠 워:r쓰 잍 투 씨: 허r 원쓰.
04 이츠 워:r쓰 어 그레잍 딜: 투 미.
05 이츠 낱 워:r쓰 테이킹 어 리스크.

아임 루낑 퍼:r ~

01 아임 루낑 퍼:r 어 파:r(트) 타임 좝:.
02 쉬즈 루낑 퍼:r 허r 페어런츠.
03 위 아r 루낑 퍼:r 어 포우스트 오:피쓰.
04 히 워즈 루낑 퍼:r 히즈 오울드 프렌드.
05 데이 워r 루낑 퍼:r **썸웨어r** 투 리브.

- 추라이
- 헌주렏
- 밀리언
- 원쓰
- 어 그레잍 딜:
- 테이크 어 리스크
- 파:r(트) 타임 좝:
- 페어런츠
- 포우스트 오:피스
- 룩 퍼:r
- 썸웨어
- 리브

이미지 상상후 영어 **말하기**

117 ~ 할 가치가 있다.

01 그것은 시도해볼 만한 가치가 있다.
02 그것은 1억 원의 가치가 있다
03 그녀를 한 번은 볼 가치가 있다.
04 그것은 나에게 많은 가치가 있다.
05 그것은 위험을 감수할 가치가 없다.

118 나는 ~ 을 찾는 중이다.

01 나는 아르바이트를 찾는 중이다.
02 그녀는 부모님을 찾는 중이다.
03 우리는 우체국을 찾는 중이다.
04 그는 옛 친구를 찾는 중이었다.
05 그들은 살 곳을 찾는 중이었다.

- 시도
- 100
- 백만
- 한번
- 많은
- 위험을 감수하다
- 아르바이트
- 부모님
- 우체국
- ~을 찾다
- 어딘가
- 살다

패턴 119  아이 핸 노우 아이디:어 ~

01 아이 핸 노우 아이**디:**어 댙 유 워r 커밍.
02 히 핸 노우 아이**디:**어 후 쉬 워즈.
03 쉬 핸 노우 아이**디:**어 월 투 두.
04 위 핸 노우 아이**디:**어 월 디쓰 워즈.
05 데이 핸 노우 아이**디:**어 잍 비 디쓰 하:r드.

패턴 120  윁 디 쥬 ~ ?

01 윁 디 쥬 잍: 퍼r 런취?
02 윁 딛 히 띵크 오브 마이 플랜?
03 윁 딛 쉬 두 퍼r 허r **마**더r?
04 윁 딛 데이 텔 유 래스(트) 썬데이?
05 윁 딛 민수 **스**떠디 앹 **칼**:리쥐?

• 컴	• 후:	• 윌	• 하:r드
• 런취	• 띵크 어브	• 플랜	• 마더r
• 래스트	• 썬데이	• 스떠디	• 칼:리쥐

 이미지 상상후 영어 **말하기**

나는 ~ 을 전혀 몰랐다.

01 나는 네가 올 줄은 전혀 몰랐다.
02 그는 그녀가 누구인지 전혀 몰랐다.
03 그녀는 무엇을 해야 할지 전혀 몰랐다.
04 우리는 이것이 무엇인지 전혀 몰랐다.
05 그들은 그것이 이렇게 힘들 줄은 전혀 몰랐다.

 ## 당신은 무엇을 ~ 했었나요?

01 당신은 점심으로 무엇을 먹었나요?
02 그는 저의 계획에 대해 어떻게 생각했었나요?
03 그녀는 어머니를 위해 무엇을 했었나요?
04 그들이 지난 일요일에 뭐라고 말했었나요?
05 민수는 대학에서 무엇을 공부했었나요?

- 오다
- 누구
- 무엇
- 힘든
- 점심
- ~에 대해 생각하다
- 계획하다
- 어머니
- 지난
- 일요일
- 공부하다
- 대학

리뷰 1 | 발음힌트를 보고 영어문장 말하기

01 와이 돈 츄 텔 ~
02 와이 돈 츄 추라이 ~
03 와이 돈 츄 라잎 ~
04 와이 돈 츄 해브 ~
05 와이 돈 츄 스떠디 ~
06 아이 디든(트) 민: 투 ~
07 쉬 디든(트) 민: 투 ~
08 위 디든(트) 민: 투 ~
09 히 디든(트) 민: 투 ~
10 데이 디든(트) 민: 투 ~
11 두 아이 해브 투 띵크 ~
12 더(즈) 쉬 해브 투 테이크 ~
13 두 위 해브 투 런: ~
14 더(즈) 히 해브 투 리턴: ~
15 두 아이 해브 투 텔 ~
16 히 캔(트) 웨잍 투 ~
17 아이 캔(트) 웨잍 투 ~
18 쉬 캔(트) 웨잍 투 ~
19 위 캔(트) 웨잍 투 ~
20 데이 캔(트) 웨잍 투 ~
21 윁 두 유 띵크 어브 ~
22 윁 더(즈) 쉬 띵크 어브 ~
23 윁 두 데이 띵크 어브 ~
24 윁 디드 히 띵크 어브 ~
25 윁 디드 유 띵크 어브 ~
26 아임 레디 투 고우 ~
27 쉬 이즈 레디 투 ~
28 아이 워즈 낱 레디 ~
29 위 아r 레디 투 비긴 ~
30 아r 유 레디 투 ~

리뷰 2 발음힌트를 보고 영어문장 **말하기**

- 31 필: 프리: 투 룩 ~
- 32 필: 프리: 투 조인 ~
- 33 필: 프리: 투 콜: ~
- 34 필: 프리: 투 애슥 ~
- 35 필: 프리: 투 텔 ~
- 36 유 도운(트) 해브 투 ~
- 37 쉬 더즌(트) 해브 투 ~
- 38 위 디든(트) 해브 투 ~
- 39 아이 도운(트) 해브 투 ~
- 40 히 디든(트) 해브 투 ~
- 41 이츠 워:r쓰 ~
- 42 이츠 워:r쓰 어 헌주렌 ~
- 43 이츠 워:r쓰 잍 투 ~
- 44 이츠 워:r쓰 ~
- 45 이츠 낱 워:r쓰 ~
- 46 아임 루낑 퍼:r ~
- 47 쉬즈 루낑 퍼:r 허r ~
- 48 위 아r 루낑 퍼:r ~
- 49 히 워즈 루낑 퍼:r ~
- 50 데이 워r 루낑 퍼:r ~
- 51 아이 핸 노우 아이디:어 ~
- 52 히 핸 노우 아이디:어 ~
- 53 쉬 핸 노우 아이디:어 ~
- 54 위 핸 노우 아이디:어 ~
- 55 데이 핸 노우 아이디:어 ~
- 56 윁 디 쥬 잍: ~
- 57 윁 딛 히 띵크 ~
- 58 윁 딛 쉬 두 ~
- 59 윁 딛 데이 텔 ~
- 60 윁 딛 민수 스떠디 ~

리뷰 3 의미힌트를 보고 영어문장 말하기

- 01 당신은 그에게 ~
- 02 당신은 다시 ~
- 03 당신은 그녀에게 ~
- 04 당신은 커피 좀 ~
- 05 당신은 다른 방에서 ~
- 06 나는 늦을 의도는 ~
- 07 그녀는 거짓말을 하려던 ~
- 08 우리는 그렇게 말하려고 ~
- 09 그는 너를 방해하려던 ~
- 10 그들은 그것을 하려던 ~
- 11 제가 다시 ~
- 12 그녀는 버스를 ~
- 13 우리는 영어를 ~
- 14 그가 쟁반을 ~
- 15 제가 당신에게 ~
- 16 그는 그녀를 빨리 ~
- 17 나는 너를 빨리 ~
- 18 그녀는 빨리 여행을 ~
- 19 우리는 빨리 축구를 ~
- 20 그들은 빨리 아기를 ~
- 21 당신은 저의 계획에 대해 ~
- 22 그녀는 패스트푸드에 대해 ~
- 23 그들은 새로운 선생님에 대해 ~
- 24 그는 리사에 대해 ~
- 25 당신은 이 그림에 대해 ~
- 26 나는 이제 나갈 ~
- 27 그녀는 음식을 주문할 ~
- 28 나는 아직 너에게 말할 ~
- 29 우리는 시험을 시작할 ~
- 30 당신은 이제 주문할 ~

리뷰 4 의미힌트를 보고 영어문장 **말하기**

- 31 자유롭게 ~
- 32 자유롭게 우리와 ~
- 33 자유롭게 언제든지 ~
- 34 자유롭게 ~
- 35 자유롭게 당신 의견을 ~
- 36 너는 날 기다릴 ~
- 37 그녀는 그에게 말할 ~
- 38 우리는 그것을 할 ~
- 39 나는 그에 대해 ~
- 40 그는 손을 씻을 ~
- 41 그것은 시도해볼 ~
- 42 그것은 1억 원의 ~
- 43 그녀를 한 번은 ~
- 44 그것은 나에게 ~
- 45 그것은 위험을 감수할 ~
- 46 나는 아르바이트를 ~
- 47 그녀는 부모님을 ~
- 48 우리는 우체국을 ~
- 49 그는 옛 친구를 ~
- 50 그들은 살 곳을 ~
- 51 나는 네가 올 줄은 ~
- 52 그는 그녀가 누구인지 ~
- 53 그녀는 무엇을 해야 할지 ~
- 54 우리는 이것이 무엇인지 ~
- 55 그들은 그것이 이렇게 ~
- 56 당신은 점심으로 ~
- 57 그는 저의 계획에 대해 ~
- 58 그녀는 어머니를 위해 ~
- 59 그들이 지난 일요일에 ~
- 60 민수는 대학에서 무엇을 ~

여러분을 응원합니다!

한글영어학습에 대해서 궁금한 점이 있다면
한글영어 공식카페로 질문해주세요.

https://cafe.naver.com/korchinese

모든 질문에 성심껏
답변을 드리도록 하겠습니다.

판도라의 상자

패턴영어
영어문장

최소한
영어회화후 알파벳 시리즈 3권을 암기한 후
열어보기를 권합니다.

Pattern 001 — It is ~

01 It is cool in the morning.
02 It is sunny outside.
03 It is cloudy in Seoul.
04 It is very cold these days.
05 It was hot yesterday.

Pattern 002 — I like ~

01 I like cats.
02 He doesn't like cats.
03 She likes reading books.
04 I really like watching movies.
05 They don't like watching TV at home.

Pattern 003 — There's no doubt ~

01 There's no doubt about that.
02 There's no doubt that he stole the watch.
03 There's no doubt that she's a genius.
04 There's no doubt that they did it.
05 There's no doubt that Superman exists.

Pattern 004 — I want ~

01. I want an interesting book.
02. She doesn't want to watch a movie.
03. They wanted to meet her parents.
04. He wants to go on a picnic.
05. His daughter didn't want a gift.

Pattern 005 — It is likely that ~

01. It is likely that it will rain this afternoon.
02. It is likely that he'll arrive on time.
03. It is likely that they have died.
04. It is likely that it will take several hours.
05. It is not likely that we will succeed.

Pattern 006 — I'm supposed to ~

01. I'm supposed to do this tonight.
02. He is supposed to arrive at five.
03. I'm not supposed to eat salty food.
04. You are supposed to be in school now.
05. She was supposed to help us then.

Pattern 007 This is ~

01 This is an eraser.
02 This is a gift for you from your brother.
03 This is good for you.
04 Is this your pencil? Yes, it is
05 Isn't this your book? No, it isn't.

Pattern 008 I'm used to ~

01 I'm used to eating spicy food.
02 She is used to being alone.
03 He is used to his old chair.
04 We are already used to her behavior.
05 I'm not used to this kind of thing.

Pattern 009 I can ~

01 I can play basketball.
02 He can swim very well.
03 She can't play the piano.
04 Mina can cook spaghetti by herself.
05 Can we solve the problem today?

노래처럼 영어문장 읽기

Pattern 010 Don't tell me ~

01 Don't tell me you did it.
02 Don't tell me it's raining outside.
03 Don't tell me that he lied on purpose.
04 Don't tell me you forgot my name.
05 Don't tell me we have to do it again.

Pattern 011 I should ~

01 I should wait for her until five o'clock.
02 He should never go there.
03 She should do her homework.
04 You should wash your hands first.
05 We shouldn't call him now.

Pattern 012 I enjoy ~

01 I enjoy playing with my friends.
02 Jane enjoys reading books.
03 They enjoyed talking to each other.
04 She enjoys cooking in the kitchen.
05 We enjoyed walking in the park.

Pattern 013 — There is ~

01. There is one peach on the tree.
02. There are two apples on the table.
03. There is a lion in the zoo.
04. Is there a bird in the cage?
05. There was a bank on the corner.

Pattern 014 — My / your / his / her / our

01. This is my pencil case.
02. Your desk is over there.
03. He lost his notebook yesterday.
04. That is her bag.
05. Our school finishes at six.

Pattern 015 — Can I ~ ?

01. Can I use your computer?
02. Can I eat my lunch here?
03. Can I see the sample?
04. Can I call you Minsu?
05. Can I help you?

Pattern 016 — It tastes / It sounds / It looks ~

01. It tastes good.
02. It looks so easy to drive a car.
03. Your plan sounds really interesting.
04. These jeans look too small for me.
05. This candy tastes very sweet.

Pattern 017 — Let's ~

01. Let's all swim together.
02. Let's not have dinner tonight.
03. Let's read a book out loud.
04. Let's go to school quickly.
05. Let's not move the heavy rock.

Pattern 018 — The last thing ~

01. The last thing I need is an accident.
02. The last thing I want to do is to teach.
03. The last thing we need is a disagreement.
04. The last thing she needs is a war.
05. The last thing he wants is to waste time.

Pattern 019 — You look like ~

01 You look like you're in another world.
02 What does your dog look like?
03 Koalas look like bears in a way.
04 We look like father and son.
05 Minsu doesn't look like you at all.

Pattern 020 — I'm from ~

01 I'm from Korea.
02 Where are you from?
03 He is from Brazil.
04 Jackson was from the United States.
05 They are not from France.

Pattern 021 — Where is ~ ?

01 Where is my watch?
02 Where are his glasses?
03 Where am I?
04 Where was your pencil case?
05 Where are they now?

Pattern 022 — When is ~ ?

01 When is lunch time?
02 When was your birthday?
03 When is break time?
04 When was your appointment with her?
05 When is the first day of school?

Pattern 023 — What is ~ ?

01 What is your name?
02 What is your favorite food?
03 What was her hobby?
04 What are those things over there?
05 What are their names?

Pattern 024 — Give my regards ~

01 Give my regards to your family.
02 Please give my regards to your parents.
03 Give my best regards to father.
04 Be sure to give my regards to her.
05 Please give him my regards.

Pattern 025　I must ~

01　I must finish my homework by 5 o'clock.
02　He must go to the hospital right now.
03　You must help your friend.
04　We must follow the rules.
05　Mina must keep it a secret forever.

Pattern 026　What makes you ~ ?

01　What makes you say that?
02　What makes you think that isn't true?
03　What made you laugh so loudly?
04　What made her angry with me?
05　What made him do this work?

Pattern 027　Who is ~ ?

01　Who are you?
02　Who was the man in the picture?
03　Who is that woman over there?
04　Who are these children?
05　Who is this handsome man?

Pattern 028 — Why is ~ ?

01 Why are you angry today?
02 Why is she crying now?
03 Why are they wearing caps?
04 Why was he so nervous yesterday?
05 Why were you here so early?

Pattern 029 — More than ~

01 I'm faster than you.
02 She is more beautiful than her sister.
03 The baby is smarter than I thought.
04 We are much stronger than them.
05 He was more famous than me.

Pattern 030 — The most ~

01 I'm the strongest in my class.
02 She is the most beautiful.
03 You are the fastest player in the world.
04 This bag is the most expensive.
05 We are doing our best.

Pattern 031 Yesterday / Today / Tomorrow

- 01 I ate a sandwich yesterday.
- 02 They will be absent tomorrow.
- 03 He listened to music yesterday.
- 04 They are going by train today.
- 05 We will visit the library tomorrow.

Pattern 032 Is it true ~ ?

- 01 Is it true that you are looking for a job?
- 02 Is it true what she said about you?
- 03 Is it true that he was on TV yesterday?
- 04 Is it true that they are presidents?
- 05 Is it true that you have never told a lie?

Pattern 033 I sometimes ~ / I always ~

- 01 I play video games at home sometimes.
- 02 She sometimes watches TV in the office.
- 03 He always goes to school by bus.
- 04 We always speak Korean.
- 05 They work together sometimes.

Pattern 034 — I'm doing ~

01　I'm cooking ramen in the kitchen.
02　He is listening to music in the living room.
03　She is calling her friend in the bedroom.
04　We are waiting for the bus.
05　They're playing soccer on the field.

Pattern 035 — At home / At school

01　I sleep at home.
02　She cleaned the classroom at school.
03　He plays the piano at home.
04　We meet our friends at school.
05　They held a birthday party at home.

Pattern 036 — I used to ~

01　I used to read magazines in the library.
02　He used to ride a bicycle in the park.
03　She used to call her parents.
04　We used to play baseball in the stadium.
05　They used to come to my house.

Pattern 037 Whose candy ~ ?

01 Whose candy is this?
02 Whose watch is that?
03 Whose shoes are these?
04 Whose pictures are those?
05 Whose idea was it to clean the room?

Pattern 038 How big ~ ?

01 How big is the whale in the sea?
02 How small is the mouse in the hole?
03 How tall is the giraffe in the field?
04 How thin is your paper?
05 How heavy is the elephant at the zoo?

Pattern 039 How many ~ ?

01 How many toy cars are there?
02 How many students do you teach?
03 How many boxes do you have?
04 How many people are waiting for the bus?
05 How many apples did you eat today?

Pattern 040　How much ~ ?

- 01　How much is it?
- 02　How much is this watch?
- 03　How much are these shoes?
- 04　How much is a box of apples?
- 05　How much are those glasses?

Pattern 041　What about / How about ~ ?

- 01　How about a cup of coffee?
- 02　What about asking the teacher?
- 03　How about if I meet you downtown?
- 04　How about you?
- 05　What about around 5?

Pattern 042　I hardly ever / I never ~

- 01　I hardly ever eat breakfast these days.
- 02　He never skips a class.
- 03　Her baby hardly ever cries.
- 04　She had never played golf with him.
- 05　We hardly ever watch TV while studying.

Pattern 043 — Will you ~ ? / would you ~ ?

01 Will you sit down?
02 Will you go shopping with me?
03 Would you let me off here?
04 Will you please wait for me?
05 Would you tell me about yourself?

Pattern 044 — It must be ~

01 It must be really cold.
02 He must be ten years old.
03 Jane must be crazy to do such a thing.
04 They must be very nice men.
05 She must be happy to hear that.

Pattern 045 — There's no way ~

01 There's no way she can win the game.
02 There's no way I'll pass the exam.
03 There's no way he can do that work alone.
04 There's no way that we talked about it.
05 There's no way that I can thank you.

Pattern 046 — You should have been ~

01 You should have been more careful!
02 She should have talked to me first.
03 We should have studied harder.
04 They should have done this yesterday.
05 I should have gone to bed early.

Pattern 047 — I'm tired of ~

01 I'm tired of talking to you.
02 She was tired of her hair style.
03 We are tired of this work now.
04 They are tired of waiting in line.
05 He is tired of his old car.

Pattern 048 — My favorite food ~

01 My favorite food is kimchi.
02 Her favorite food is pizza.
03 Our favorite food is chicken.
04 His favorite food is sushi.
05 Their favorite foods are kimbap and bulgogi.

Pattern 049　I wish ~

01　I wish I had a monkey.
02　I wish she were alive.
03　I wish they had came to the party.
04　I wish you had sent me a letter.
05　I wish he was here now.

Pattern 050　All I want ~

01　All I want is a cell phone.
02　All she wants is an interesting book.
03　All my friend wanted was a squirrel.
04　All we want is peace.
05　All they wanted was a high salary.

Pattern 051　I'm sorry to ~

01　I'm really sorry to hear that.
02　She is sorry to keep you waiting.
03　He was sorry to disappoint her.
04　We are sorry to tell you this.
05　I'm sorry to bother you at home.

Pattern 052 — I don't care ~

01. I don't care about that.
02. He doesn't care what other people say.
03. We don't care who wins.
04. They don't care whether I live or die.
05. She didn't care about her clothes.

Pattern 053 — In spring / In summer / In fall / In winter

01. Many flowers bloom in spring.
02. We drink cold juice in summer.
03. Leaves fall from the trees in fall.
04. We make snowmen in winter.
05. People read books in autumn.

Pattern 054 — Make sure ~

01. Make sure that he understood me.
02. Make sure to bring your sister.
03. Make sure to return the books on time.
04. Make sure to take your medicine.
05. Make sure that you drink lots of water.

Pattern 055　I was late for ~

01　I was late for school this morning.
02　She was late for work yesterday.
03　We were late for the meeting.
04　The bride was late to her wedding.
05　They were late for the appointment.

Pattern 056　I'm going to ~

01　I'm going to study math in the afternoon.
02　She was going to listen to music.
03　We are not going to visit the museum.
04　My friend is not going to eat lunch.
05　They are going to travel around.

Pattern 057　I'm worried ~

01　I'm worried about my concert.
02　She is worried about her final exam.
03　We were worried about you.
04　They are worried about their futures.
05　He was worried about his parents

Pattern 058 — In the morning / In the afternoon / In the evening

01. The sun rises in the east at dawn.
02. He eats breakfast in the morning.
03. They play baseball in the afternoon.
04. She does her homework in the evening.
05. We sleep in our bed at night.

Pattern 059 — I don't feel like ~

01. I don't feel like having lunch.
02. She doesn't feel like speaking anymore.
03. He didn't feel like going out last night.
04. We don't feel like working today.
05. I don't feel like arguing with you.

Pattern 060 — I'm willing to ~

01. I'm willing to pay the money.
02. They are willing to help me.
03. He is willing to answer your question.
04. We are not willing to put up with noise.
05. I'm willing to do anything for you.

Pattern 061 — What ~ !

01 What a big house!
02 What a tall man he is!
03 What a strange idea you have!
04 What a surprise!
05 What beautiful paintings!

Pattern 062 — How ~ !

01 Look how beautiful she is!
02 Look how fast he runs!
03 Look how kind they are!
04 Look how clean his room was!
05 Look how cute the babies are!

Pattern 063 — I'd like to ~

01 I'd like to ask you some questions.
02 I'd like to visit your country.
03 I'd like to help poor people.
04 I'd like to invite her to the party.
05 I'd like to buy a new car.

Pattern 064 I'm afraid (that) ~

01 I'm afraid our team will lose.
02 I'm afraid I don't agree with you.
03 I'm afraid I cannot help you.
04 I'm afraid I must say goodbye.
05 I'm afraid it's going to rain.

Pattern 065 Do you know ~ ?

01 Do you know how to drive?
02 Does she know when class starts?
03 Do you know that girl over there?
04 Do they know what time it is?
05 Did you know what happened?

Pattern 066 I'm just trying ~

01 I'm just trying to avoid getting in trouble.
02 I was just trying to help you.
03 He was just trying to scare us.
04 We were just trying to win the contest.
05 They were just trying to save their friend.

Pattern 067 I forgot to ~

01 I forgot to tell you.
02 He forgot to lock the door.
03 We forgot to bring the book.
04 She forgot to do her homework.
05 They forgot to buy water and food.

Pattern 068 I remember ~

01 I remember your promise.
02 I remember when you told me.
03 I remember hearing about it.
04 I remember sending you a postcard
05 I remember watching that movie on TV.

Pattern 069 I'm interested in ~

01 I'm interested in your plan.
02 He was interested in that subject.
03 She's not interested in him anymore.
04 Are you interested in music?
05 They're interested in cartoons.

노래처럼 영어문장 읽기

Pattern 070 — I'm about to ~

01 I'm about to tell you.
02 She's about to open the door.
03 We were about to reply to you.
04 He was about to enter his room.
05 They were finally about to give up.

Pattern 071 — I'm able to ~

01 I'm able to read the books in English.
02 He was able to drive a car.
03 Are you able to go to the party?
04 We are able to meet you there.
05 I'm not able to do that by myself.

Pattern 072 — Do you mind ~ ?

01 Do you mind if I speak frankly?
02 Do you mind if I borrow your book?
03 Do you mind waiting for a while?
04 Do you mind closing the window?
05 Do you mind if I close the door?

Pattern 073 — It's time to ~

01 It's time to do your homework.
02 It's time to say goodbye to her.
03 It's time to go home now.
04 It's time to go to bed.
05 It's time to do something.

Pattern 074 — Do ~

01 Be careful on the stairs.
02 Be quiet in the library.
03 Wash your hands before eating pizza.
04 Be nice to your sister.
05 Study harder from now on.

Pattern 075 — Don't ~

01 Don't be late for class.
02 Don't be disappointed with the result.
03 Don't make noise in the classroom.
04 Don't believe everything that he says.
05 Don't forget to write the letter.

Pattern 076 Because of ~

01 I was late because of a traffic jam.
02 He was absent because of the flu.
03 They missed the train because of me.
04 We stayed home because of the children.
05 It is because of my brother, Minsu.

Pattern 077 I'm good at ~

01 I'm good at playing the piano.
02 I'm not good at speaking English.
03 He was very good at French.
04 They're not good at math.
05 She was not good at drawing circles.

Pattern 078 Is it okay ~ ?

01 Is it okay if I park here?
02 Is it okay if I use your phone?
03 Is it okay if I call you later?
04 Is it okay if I bring some friends?
05 Is it okay if I come by myself?

Pattern 079 ~ Isn't he?

01 He is a teacher, isn't he?
02 She can't come to the party, can she?
03 We want her advice, don't we?
04 They didn't go to school, did they?
05 He works for the company, doesn't he?

Pattern 080 What number ~ ?

01 What number do you like best?
02 What color does he like best?
03 What food does she like best?
04 What sport do you like best?
05 What subject do they like best?

Pattern 081 The more ~, the more ~

01 The more he has, the more he wants.
02 The more gold, the more fear.
03 The more people, the better.
04 The more you know, the more you see.
05 The more I chop onions, the more I cry.

Pattern 082 What if ~ ?

01 What if my parents find out?
02 What if it rains tomorrow?
03 What if he visits me suddenly?
04 What if she doesn't have any money?
05 What if we get lost?

Pattern 083 It seems like ~

01 It seems like no one knows the truth.
02 It seems like they will win the game.
03 It seems like she ate her lunch too fast.
04 It seems like something went wrong.
05 It seems like he forgot about it.

Pattern 084 Too ~ to ~

01 I was too tired to continue studying.
02 This stone is too heavy to move.
03 She was too busy to call him.
04 No man is too old to learn.
05 Is it too late to apply for the class?

Pattern 085 So ~ that ~

01 I was so tired that I went home early.
02 He is so nice that he can't even lie.
03 It was so hot that they didn't go out.
04 We were so late that we missed the bus.
05 She's so strong that she can move rocks.

Pattern 086 Whenever ~

01 You can visit me whenever you want.
02 Whenever you're in trouble, call me.
03 I get nervous whenever I have a speech.
04 Whenever they meet, they blame each other.
05 Whenever he feels tired, he drinks coffee.

Pattern 087 I'm sure ~

01 I'm sure everything will go well.
02 He's sure that he left it on the table.
03 I'm not sure I can help you today.
04 She's sure you'll find something good.
05 Are you sure he knew the solution?

Pattern 088 — As if ~

01. I feel as if I was flying.
02. She acted as if she didn't know me.
03. They treat me as if I were a baby.
04. He talks as if he knew everything.
05. It looks as if it was snowing.

Pattern 089 — I can't afford to ~

01. I can't afford to buy a new house.
02. She can't afford to go on vacation.
03. We can't afford to pay that much money.
04. They can't afford to look after you.
05. Minsu can't afford to watch a movie.

Pattern 090 — It takes ~

01. It takes a long time to learn English.
02. It takes two years to build a building.
03. It took three hours to finish my homework.
04. It takes three men to do this job.
05. It took ten minutes to walk to the park.

Pattern 091 — How come ~ ?

01 How come you're so nervous today?
02 How come she is not eating lunch?
03 How come this pen is more expensive?
04 How come he didn't invite us?
05 How come they didn't go to school?

Pattern 092 — Had better ~

01 You had better go right now.
02 He had better see a doctor at once.
03 You had better not meet such a man.
04 They had better not go there.
05 We had better call the police.

Pattern 093 — No wonder ~

01 No wonder you got angry.
02 No wonder you succeeded.
03 No wonder they changed their plan.
04 No wonder the music sounded so good.
05 No wonder he conquered the world

Pattern 094 — Now that ~

01 Now that you're here, I'm fine.
02 Now that you mention it, I don't like it.
03 Now that the movie's over, go to bed.
04 Now that I'm working, I want to study again.
05 Now that we have eaten, let's go.

Pattern 095 — May I ~ ?

01 May I ask you some questions?
02 May I use this computer for a while?
03 May I join your party for a moment?
04 May I speak to Mina now?
05 May I ask how old you are?

Pattern 096 — Show me ~

01 Show me something else.
02 Show me your driver's license.
03 Show me you can do it!
04 Please show me the way to the station.
05 Show me what you have in your hand.

Pattern 097 — How can I ~ ?

- 01 How can I help you?
- 02 How can I live without money?
- 03 How can I stay in touch with you?
- 04 How can I get there quickly?
- 05 How can I learn English?

Pattern 098 — Who wants to ~ ?

- 01 Who wants to read this book?
- 02 Who wants to quit now?
- 03 Who wants to speak to her?
- 04 Who wants to join me?
- 05 Who wants to hear her sing?

Pattern 099 — Let me know ~

- 01 Let me know if you're going to be late.
- 02 Let me know if it's a yes or a no.
- 03 Please let me know how you are doing.
- 04 Let me know what time the bus leaves.
- 05 Let me know when it's ready.

Pattern 100 — What day ~ ?

- 01 What day is it today?
- 02 What date is it today?
- 03 What time is it now?
- 04 What season is it?
- 05 What year is it?

Pattern 101 — Which do you like better ~ ?

- 01 Which do you like better, coffee or tea?
- 02 Which did he like better, summer or winter?
- 03 Which does she like better, meat or vegetables?
- 04 Which did you like better, soccer or baseball?
- 05 Which do you like better, singing or acting?

Pattern 102 — What should I ~ ?

- 01 What should I tell her?
- 02 What should he do as president?
- 03 What should we have for dinner?
- 04 What should I do with this old desk?
- 05 What should they wear to the party?

Pattern 103 That's what ~

01 That's what I wanted to say.
02 That's what we would like to know.
03 That's what she told him.
04 That's what my parents always say.
05 That's what they should do then.

Pattern 104 I think ~

01 I think it looks quite nice.
02 I think my puppy is sick.
03 I think she's pretty cool.
04 I think he should stay home.
05 I think we met about a year ago.

Pattern 105 I'm busy ~ ing

01 I'm busy studying math.
02 She's busy doing her homework.
03 We're busy doing something else.
04 He was busy looking for a job.
05 What are you busy doing?

Pattern 106 — Thank you for ~

01. Thank you for coming today.
02. Thank you for all of this.
03. Thank you for your invitation.
04. Thank you for understanding me.
05. Thank you for your help.

Pattern 107 — I'm on ~

01. I'm on vacation.
02. She is on a diet.
03. I'm on my way to do it.
04. He is on the phone.
05. They are on their way.

Pattern 108 — Have you ever ~ ?

01. Have you ever been to Spain?
02. Have you ever thought about death?
03. Has she ever been to Korea?
04. Have they ever visited you?
05. Has he ever hit you before?

Pattern 109 — Why don't you ~ ?

- 01 Why don't you tell him the truth?
- 02 Why don't you try again?
- 03 Why don't you write her a letter?
- 04 Why don't you have some coffee?
- 05 Why don't you study in the other room?

Pattern 110 — I didn't mean to ~

- 01 I didn't mean to be late.
- 02 She didn't mean to tell a lie.
- 03 We didn't mean to say it like that.
- 04 He didn't mean to bother you.
- 05 They didn't mean to do it.

Pattern 111 — Do I have to ~ ?

- 01 Do I have to think it over again?
- 02 Does she have to take a bus?
- 03 Do we have to learn English?
- 04 Does he have to return his tray?
- 05 Do I have to tell you the same thing?

Pattern 112 — I can't wait to ~

01 He can't wait to meet her.
02 I can't wait to see you again.
03 She can't wait to go on tour.
04 We can't wait to play soccer.
05 They can't wait to have a baby.

Pattern 113 — What do you think of ~ ?

01 What do you think of my plan?
02 What does she think of fast food?
03 What do they think of the new teacher?
04 What did he think of Lisa?
05 What did you think of this painting?

Pattern 114 — I'm ready to ~

01 I'm ready to go out now.
02 She is ready to order food.
03 I was not ready to tell you yet.
04 We are ready to begin the test.
05 Are you ready to order now?

Pattern 115 — Feel free to ~

01 Feel free to look around.
02 Feel free to join us.
03 Feel free to call me anytime.
04 Feel free to ask questions.
05 Feel free to tell me your opinion.

Pattern 116 — You don't have to ~

01 You don't have to wait for me.
02 She doesn't have to tell him.
03 We didn't have to do that.
04 I don't have to worry about him.
05 He didn't have to wash his hands.

Pattern 117 — It's worth ~

01 It's worth a try.
02 It's worth a hundred million won.
03 It's worth it to see her once.
04 It's worth a great deal to me.
05 It's not worth taking a risk.

Pattern 118 I'm looking for ~

01 I'm looking for a part time job.
02 She's looking for her parents.
03 We are looking for a post office.
04 He was looking for his old friend.
05 They were looking for somewhere to live.

Pattern 119 I had no idea ~

01 I had no idea that you were coming.
02 He had no idea who she was.
03 She had no idea what to do.
04 We had no idea what this was.
05 They had no idea it'd be this hard.

Pattern 120 What did you ~ ?

01 What did you eat for lunch?
02 What did he think of my plan?
03 What did she do for her mother?
04 What did they tell you last Sunday?
05 What did Minsu study at college?

한글영어에 대한 모든 걱정은
편견에 불과하다

이제까지 여러 해 동안 한글영어를 전파하면서 수많은 사람들의 한글로 영어를 배우는 것에 대한 걱정과 고민과 우려를 상담해 왔습니다.

그러나 확실하게 말씀드릴 수 있습니다만 여러분이 생각하는 고민은 단지 기우에 불과하다는 것입니다.

가장 크게는 한글로 하면 영어발음이 나빠질까 봐 걱정합니다만 그런 일은 절대로 일어나지 않습니다. 이제까지 공부한 사람들이 증명합니다.

초기에 한글로 영어를 배우자마자 읽는 그 엉터리 발음으로 한글영어의 가치를 판단하면 안 됩니다. 그렇게 따지면 가장 처음 "어~으 마"라고 말하는 한국 아기들은 나중에 '엄마'라 하지 않고 평생 "어~으 마"라고 한다고 생각하는 것과 같습니다.

한글영어를 한다는 것은 마치 노래를 배우는 것과 100% 똑같습니다.

처음 들어보는 노래의 경우에는 가사조차 읽는 것이 힘들어서 가사만 따로 책을 읽듯이 음미하면서 읽어본 경험이 있을 것입니다. 이러한 과정을 통해서 노래의 흐름을 이해하고 그다음에 박자나 음정을 살려서 차츰 연습합니다. 수많은 연습을 한 후에는 처음과는 완전히 다르게 노래를 잘 부르게 됩니다.

한글영어로 하는 학습하는 과정도 마찬가지입니다.

처음에는 마치 책을 읽듯 읽겠지만 원어민 음성을 들으면서 따라 하려고 하면서 수없이 읽다 보면 본인도 모르게 물 흐르듯 원어민처럼 읽고 있는 자신을 발견하게 됩니다. 언제까지나 한글영어를 책 읽듯이 읽지 않는다는 것입니다. 결론적으로 발음을 걱정할 필요가 없습니다.

한글가사로 가요를 배웠는데 노래를 못 부른다고 해서 한글가사로 배워서 못 부른다고 핑계를 대는 사람이 없듯이, 한글로 영어를 배웠는데 발음이 이상하다고 해서 한글영어를 탓할 수 없습니다. 노래를 못 부른 것은 노래를 부른 사람의 노력 부족일 수 있듯이, 영어를 한글처럼 읽는다면 그것은 학습자의 노력 부족일 수 있습니다.

또 한가지는 "한글로 배우다 보면 읽기를 못 하는 게 아닐까?"하고 나중에 영어를 읽는 것에 대해서도 걱정합니다. 그러나 오히려 반대입니다. 지금 파닉스를 통해서 읽는 읽기는 가짜 읽기입니다. 진짜 읽기는 듣기가 된 다음에 읽는 읽기입니다.

진짜 읽기란 원어민의 영어소리와 영어글자를 매치를 시킬 줄 알아서 나중에 영어글자를 읽어야 할 때, 본인도 모르게 원어민의 소리가 생각나서 읽는 것을 말합니다.

한글영어는 듣기를 위한 학습법입니다. 만약 한글영어로 영어듣기가 완성되었다면 오히려 진짜 읽기를 잘 할 수 있습니다. 그래서 가짜 읽기를 할 때보다 영어책을 더 재밌고 빠르게 읽을 수 있습니다. 한글책도 듣고 말하는 한국어가 된 다음에 따로 ㄱ, ㄴ, ㄷ 한글을 배워서 읽었습니다.

영어도 듣기가 된 다음에 읽기를 위한 요령만 배우면 곧바로 영어책을 잘 읽을 수 있습니다. 그래서 읽기도 걱정할 필요가 전혀 없습니다.

이외에도 질문들이 수없이 많습니다만 그 모든 질문에 한글영어는 합리적 답변이 가능하다고 자신 있게 말씀드릴 수 있습니다.

〈정용재의 영어독설〉 중에서

한글로 배우는 영어는
세종대왕과 집현전의 학습법이다

세종대왕은 한글을 창제하신 후 집현전에 지시해서 중국어 한자 밑에, 일본어 한자나 가나 밑에 한글로 발음을 적어서 교재를 만들도록 했습니다.

그래서 신숙주가 직접 중국에 수차례 방문해서 현지 사람들의 중국어 발음을 듣고, 이를 한자 밑에 한글로 발음을 달았습니다. 이런 식으로 해서 한글중국어, 한글일본어 등 한글로 배우는 외국어교재를 만들었습니다.

그리고 이들 교재들을 이용해서 사역원이라고 하는 통역관을 배출하는 기관에서 외국어 교육을 시행했다는 기록이 역사적으로 남아 있습니다.

다시 말해서 한글로 배우는 외국어를 처음 생각한 사람은 세종대왕이고, 교재를 만든 사람은 집현전 학자들이고, 이 교재로 공부한 사람은 전문통역관이었습니다. 교육의 역사가 거의 500년에 이르는 대단한 외국어학습법입니다.

한글의 가치는 우리글로서의 가치뿐만 아니라 외국어를 배우는 발음기호로서의 가치를 지녔습니다. 그런데도 우리는 우리글로써 받아들이는데도 몇백년이 걸렸지만, 한글의 또 한가지 가치인 외국어학습을 위한 글자로 받아들이는데는 아직도 어려운 현실입니다.

우리는 한글의 우수성과 과학성을 자랑스럽게 생각합니다. 그래서 한글의 세계화라는 이름으로 문자가 없는 나라에서 한글을 문자로 쓸 수 있도록 운동을 펼치고 있습니다. 이를 역으로 생각하면 우리가 영어회화를 배우는데 한글을 활용할 수 있음을 의미합니다. 그리고 한글영어가 성공한다면 한글의 세계화도 자연스럽게 성공할 수 있습니다.

〈정용재의 영어독설〉 중에서

이제까지 소리영어 학습법이 실패한 이유가 있다

소리영어로 했는데도 영어공부에 실패했다고 해서 소리영어 자체가 잘못된 것은 아닙니다. 이제까지 지구상에 산 수천억 명의 사람들은 문자가 아닌 소리로 언어를 배웠습니다. 그래서 소리로 영어를 배우는 것에 대해서 의문을 가질 필요는 전혀 없습니다. 다만 영어소리로 영어를 배워야 하는 것은 맞지만, 이제까지 이를 실제로 적용하는 데 있어서 간과한 부분들이 있었기 때문에 실패한 것입니다.

1. 소리영어를 시작하는 사람의 수준

소리영어를 이제 막 시작하는 사람들의 수준이 제각각임을 고려해야 합니다. 단순히 영어소리를 열심히 들으라고 해서는 안 되는 이유입니다. 가장 최적의 상태는 나이에 상관없이 영어문자를 배우지 않아서 오로지 영어소리에만 집중할 수 있는 상태입니다. 만약 이미 영어문자를 알고 있다면 알고 있는 문자학습내용들을 잊으려고 노력을 해야 해서 소리영어학습이 정말 어려울 수 있습니다. 지금까지 소리영어를 했는데도 실패한 사람들이 이런 경우입니다.

2. 소리영어를 실천할 수 있는 최적의 교재

이제까지 소리영어를 표방하는 곳에서는 되도록 영어문자를 보면 안 된다고 말하지만, 아예 영어문자를 볼 수 없도록 영어문자를 제공하지 않는 곳은 없습니다. 그래서 학습자는 영어소리만 들어야 하는데도 불구하고 답답한 마음에 영어문자를 보게 됩니다. 이렇게 되면 소리영어를 하는 의미가 없게 됩니다.

다시 말해서, 학습자의 상태를 정확히 구분하지 않았다는 점과 제공되는 교재의 불완전함 때문에 실패한 것이지 소리영어 자체가 문제는 아니라는 것입니다.

〈정용재의 영어독설〉 중에서

듣기, 읽기, 쓰기, 말하기
모두 안 되는 영어교육

일반적으로 한국 사람은 본인은 영어 말하기는 잘 안 되지만 적어도 영어 듣기, 영어 읽기, 영어 쓰기는 어느 정도 된다고 생각합니다. 그래서 "제가 영어 듣기는 되는데 영어 말하기가 안됩니다."라고 말합니다. 그러나 실제로 우리가 잘할 수 있는 것은 하나도 없습니다.

영어 읽기가 된다고 해서 편하게 영어책으로 독서를 하지는 않습니다. 영어 듣기가 된다고 해서 무자막으로 영화나 뉴스를 볼 수가 없습니다. 영어 쓰기가 된다고 해서 영어로 편지나 일기를 쓰는 것이 자유로운 것도 아닙니다. 원어민을 만나서 자유롭게 말 한마디 하기는 정말 어려운 상황입니다.

우리에게 가능한 것은 영어 '시험'을 위한 읽기, 쓰기, 듣기, 말하기일 뿐입니다. 실제 생활에서 활용할 수 있는 읽기, 쓰기, 듣기, 말하기능력이 전혀 아닙니다.

이렇게 엉터리 영어교육이 이루어진 데에는 모든 영어전문가들이 잘못 생각하고 있는 정말 중요한 한 가지 이유가 있습니다.

영어의 4대 영역을 동시에 공부하면 영어를 더 잘할 수 있다는 잘못된 이론 때문입니다. 그러나 이는 명백히 잘못된 이론입니다. 이제까지 지구상에 산 수천억 명의 사람은 소리로 먼저 모국어를 배운 후 몇 년이 지나서 문자를 배우게 됩니다. 즉, 철저히 문자와 소리가 분리된 언어교육을 받았다는 것입니다.

한국인이 영어공부를 할 때도 먼저 영어소리로 영어를 익힌 후 영어문자를 배운다면 영어공부에 도전하는 한국인 모두가 영어학습에 성공할 수 있을 것입니다.

이제라도 바로 잡지 않으면 자라나는 아이들이 성인들의 잘못된 영어교육을 그대로 답습할 수밖에 없고, 그 아이들도 결국 듣고 말하는 영어가 불가능합니다.

〈정용재의 영어독설〉 중에서